Thomas Weiß

Werkbuch
Advent und Weihnachten

Gestaltungsideen und Material für
die besinnlichste Zeit des Jahres

Für Gemeinde und Gottesdienst

Für
David und Konstantin

ecclesia dell'arte

Inhalt

Weihnachten

Jahreswechsel

Epiphanias

Vorwort

Nach warmem Fell oder altgewordenem Stroh? Wie hat es gerochen im Stall? Hat Johannes des Täufers Kamelhaarmantel arg gekratzt? Wer hat die drei Könige begleitet (Erzähle mir keiner, die wären allein aufgebrochen!)? Und welche Duftnote hatte der Weihrauch?

Die großen Geschichten, die wir schon lange kennen und die uns vertraut sind, kommen uns im Kleinen, im Detail, in der Nuance näher und ganz nah. Dem oft Gehörten noch einmal nachlauschen, im Vertrauten bisher nicht gesehene Entdeckungen machen – das ist es, was dieses Buch möchte. In der Arbeit am Buch habe ich mich überraschen lassen, den zweiten und dritten Blick gewagt, mich von Assoziationen und der Intuition leiten lassen. Es ist am Ende nichts Neues, das sich beim Nachsinnen und -denken über Advent, Weihnachten, Jahreswechsel und Dreikönigstag erschließt, aber das Verlässliche, das in allen Zeiten Aktuelle entfaltet sich neu.

Dazu dienen in diesem Buch: Gottesdienstentwürfe, Predigten und Meditationen, Gebete und literarische Formen wie Gedicht und Erzählung. Sie können persönlich gelesen und meditiert werden, um sich auf diese besondere Kirchenjahreszeit einzustimmen und sich bewegen zu lassen, und sie können handwerklich eingesetzt werden, in Gottesdiensten, Andachten, Grußworten. Dabei habe ich mich von der eigenen liturgischen, pastoralen und literarischen Praxis leiten lassen. Beinahe alle Entwürfe und Texte sind erprobt: Predigten wurden gesprochen, Liturgien gefeiert, Gedichte verschenkt und Gebete gebetet. Mit Erfolg? »Erfolg« ist eine zwiespältige Kategorie, wenn es um Liturgie und Verkündigung geht (und im Literarischen in Wahrheit auch). Gewiss aber: mit guter Resonanz – wobei »gut« die Zustimmung ebenso einschließt wie den Widerspruch, beide eröffnen Wege zu der Botschaft, die in diesem Buch laut werden will.

Vor Augen habe ich Menschen, die sich mit den Themen der Adventszeit, der Weihnacht, der verfließenden Zeit beim Jahreswechsel und dem aufgehenden Licht am Epiphaniastag (noch) befassen möchten, denen die Institution Kirche mit ihrer althergebrachten Tradition aber womöglich schon fremd geworden ist.

Insbesondere die Liedvorschläge in den Gottesdienstentwürfen sind (von den Zwischengesängen in den Gebeten und Besinnungen abgesehen) als Platzhalter zu verstehen. Sie haben in Ihren Gemeinden ihre je eigenen musikalischen Gewohnheiten und Möglichkeiten, mit Chören, Sologesang, instrumentalen Virtuosinnen und Virtuosen. Bitte gehen Sie aber auch mit den Predigten und Meditationen, den Gebeten und Gedichten so um, dass Sie sie Ihren Gegebenheiten und Bedarfen anpassen. Die vorliegenden Texte sind – um mit Umberto Eco zu sprechen – offene Kunstwerke und werden erst »rund und schön« (Matthias Claudius, Der Mond ist aufgegangen, 3. Strophe), wenn sie gelesen, rezipiert, weitergedacht oder gedichtet werden.

Ich wünsche mir das Buch in die Hände von Menschen, die sich die Kirchenjahreszeit zwischen Advent und Dreikönigstag kreativ und fantasievoll neu zugänglich machen möchten, und in die von Liturginnen und Liturgen, die für ihre Feiern und Andachten Material im besten Sinne suchen. Das Buch denke ich mir freilich nicht als »Steinbruch«, aus dem das Baumaterial für Gottesdienste und Andachten herausgebrochen werden soll; eher als »Schatzkästlein« im Sinne des humorvoll-liberalen Erzählers und Theologen Johann Peter Hebel: »Ein Körnlein Goldes ist in allem!« So schreibt er es in seinen »Biblischen Geschichten« von 1828, so mögen Sie es heute vorfinden und fruchtbar machen. Drehen Sie also ab und an den Schlüssel am Kästlein um, lüften sie den Deckel und nehmen Sie dies und das heraus, um sich bereichern zu lassen, wenn es denn sein darf.

Im Stall roch es übrigens nach Liebe und Muttermilch, und Johannes hat sich wohl an den groben Mantel gewöhnt.

Baden-Baden, zu Epiphanias 2023

Thomas Weiß

Advent

Advent

Gottesdienste, Predigten

Arten zu warten. Gottesdienst im Advent

Orgelvorspiel

Lied: Wie schön leuchtet der Morgenstern … (EG 70,1.4)

Votum – **Amen**

Begrüßung:
Liebe Gemeinde, herzlich willkommen zum Gottesdienst im Advent! Wenn Advent ist, dann ist nicht einfach Vorweihnachtszeit, der Advent hat einen ganz eigenen Charakter! Von alters her ist der Advent Fastenzeit, daher ziert die liturgische Farbe Violett den Altar: Es ist Zeit der Einkehr, der Bereitung auf ein großes Fest.

Der Gott, der sich auf den Weg macht zu uns, der kommende Gott, der sei mit euch – **und mit deinem Geist**

Gott, tröste uns! Psalmgebet im Wechsel, nach Psalm 80:

Liedstrophe:
Wo bleibst du, Trost der ganzen Welt,
darauf sie all ihr Hoffnung stellt?
O komm, ach komm in unsre Zeit,
reich uns die Hand, gib uns Geleit!
(nach EG 7,4)

Du Beschützer deiner Menschen, höre,
der du uns behütest wie einer, der liebt!
    Wach auf mit deiner Kraft
    und komm uns zu Hilfe!
Gott, tröste uns wieder
und lass leuchten dein Antlitz, so werden wir gesund.
    Gott, wie lange sollen wir ohne Hilfe bleiben,
    während wir zu dir beten?

Wo bleibst du, Trost ...

Du speist uns mit hartem Brot
und du tränkst uns mit einem großen Krug voll Tränen.
    Gott, wende dich uns doch zu!
    Schaue in unsere Zeit und schau genau hin,
nimm dich deiner Menschen an.
Schütze doch, was du geschaffen hast!
    Deine Hand schütze Mann und Frau, Kinder und Alte,
    die Menschen, die du gebildet hast.
Gott, tröste uns wieder;
lass leuchten dein Antlitz, so werden wir gesund.

Wo bleibst du, Trost ...

Die Nacht ist vorgedrungen,
der Tag ist nicht mehr fern!
So sei nun Lob gesungen
dem hellen Morgenstern!
Auch wer zur Nacht geweinet,
der stimme froh mit ein.
Der Morgenstern bescheinet
auch deine Angst und Pein.

Ehre sei dem Vater …

Bitte beten Sie mit mir:

Gott, mein Gott, tröste mich wieder!
Tröste mich wieder, nachdem die Angst
mir Wunden geschlagen hat,
tröste mich in der Unsicherheit, mit der ich lebe,
tröste mich in der Schwermut, die mich zu Boden drückt,
tröste mich in der Mutlosigkeit, die mir die Tage zur Last macht.
Verbinde die Wunden, Gott,
ermutige mich,
leg mir die Hand auf die Schulter,
stütze zärtlich meinen Arm.
Das bitte ich dich, mein Gott, erbarme dich!

Kyrie eleison … (EG 178.6)
*(V – gesprochen Liturg*in, A – gesungen: Gemeinde)*

V: Tau aus Himmelshöhn, Heil, um das wir flehn,
A: Herr, erbarme dich.

V: Licht, das die Nacht erhellt, Trost der verlornen Welt,
A: Christus, erbarme dich.

V: Komm vom Himmelsthron, Jesus, Menschensohn,
A: Herr, erbarme dich.

Gott hört uns und er lässt sich hören. Das ist es, was Gott uns zusagt:
Seht auf, und erhebt eure Häupter, weil sich eure Erlösung naht.

Ehre sei Gott in der Höhe – **und auf Erden Fried …**

Lied: Es kommt ein Schiff geladen … (EG 8,1-3)

Arten zu warten
Predigt

Himmel und Erde mögen vergehen, aber dein Wort, mein Gott, vergeht niemals. Amen

Hören wir auf Gottes Wort, aus dem Evangelium des Lukas, im 21. Kapitel, die Verse 25-28:

> *Und es werden Zeichen geschehen an Sonne und Mond und Sternen, und auf Erden wird den Völkern bange sein, und sie werden verzagen vor dem Brausen und Wogen des Meeres,*
> *und die Menschen werden vergehen vor Furcht und in Erwartung der Dinge, die kommen sollen über die ganze Erde; denn die Kräfte der Himmel werden ins Wanken kommen.*
> *Und alsdann werden sie sehen den Menschensohn kommen in einer Wolke mit großer Kraft und Herrlichkeit.*
> *Wenn aber dieses anfängt zu geschehen, dann seht auf und erhebt eure Häupter, weil sich eure Erlösung naht.*

Dazu kann ich nicht raten, ehrlich gesagt, liebe Gemeinde, dazu kann ich nicht raten, aus medizinischen Gründen, aus orthopädischen, um genauer zu sein. Dazu kann ich nicht raten: »Seht auf und erhebt eure Häupter!«

Stellen Sie sich das nur mal vor: andauernd mit erhobenem Kopf einhergehen, nach oben starren, den Blick zum Himmel – das macht doch einen steifen Nacken, und wenn es zur Dauerhaltung wird, sind Dauerschäden in Kauf zu nehmen. Auch wenn er fromm aussieht, so ein christlicher Hans-guck-in-die-Luft, es tut der oberen Rückenmuskulatur nicht gut, und wenn die christliche Seele bloß immer in den Himmel guckt, wird sie auch steif und ungelenk davon. Am Ende tut das höllisch weh.

Ein Mediziner war Jesus ja nicht, aber immerhin ein Heiler – darum glaub ich nicht, dass er es so gemeint hat, dass wir unverwandt und pausenlos nach oben starren sollten. Er war sich der unliebsamen Folgen sicher bewusst. Sein Ruf zum Aufsehen und Hauptaufheben, der ist eine Aufforderung zum Warten, zum Warten auf Erlösung: »Seht auf und erhebt eure Häupter, weil sich eure Erlösung naht!«

»Erlösung«, das ist ja eines der schwierigeren Wörter unserer Kirchensprache, und es ist über die Jahrhunderte sehr unterschiedlich begriffen worden. Zu Anfang, als die Evangelien, auch das des Lukas, geschrieben wurden, da dachten sich die Menschen Erlösung sehr greifbar und konkret: die Römer aus dem Land werfen, den Kaiser stürzen, Weltgericht und neue Erde, paradiesische Zustände auf ewig. Später ging es um die Erlösung von Angst und dunklen Mächten, um Rettung aus dem Jammertal, dann um die Befreiung der Seele von Sünde und Gottferne. Immer machte die Hoffnung auf Erlösung den Horizont weit auf, immer versprach sie, dass es noch etwas anderes gäbe, dass noch etwas warte auf die bedrängte Gemeinde, auf den ängstlichen Menschen und seine verwundete Seele – und um das zu sehen, braucht es eben den Blick nach oben, das erhobene Haupt.

Heute, meine ich, warten wir nicht weniger als die Generationen vor uns, warten wir nicht weniger auf Erlösung, nur sagen wir anders dazu. Meine Worte wären: Lebendigkeit, Lebenssinn und Seelenruhe. Wären: Befreiung zu mir selbst und zur Verantwortung für andere, zu Liebe, zu Fantasie und Kreativität. Wären: Lebenslust und Lebensmut, Befreiung von Hartherzigkeit und Halsstarrigkeit, Frieden und Gerechtigkeit.

Diese Erlösungswünsche sind, das hören Sie gewiss, recht diesseitig, im Unterschied zu manchen Vorstellungen, die die Erlösung aufs Jenseits verlegen, auf irgendwann und nicht in dieser Zeit.

Aber ich glaube, dass gerade die strengen Endzeiterwarter mit ihren steifen Nacken, ihrer frommen Hauptüberheblichkeit und ihren verhärteten Seelen etwas Erlösung nötig hätten, um nicht den Blick zu verlieren für unsere Welt hier, für die Menschen, die uns anvertraut sind. Aber gut, die warten immerhin, die haben eine Perspektive über das Vorfindliche, das Normale und Immer-schon-Gewesene hinaus, und das ist nicht zu verachten. Hoffnung, einen weiten Horizont, eine Ahnung, dass es Erlösung geben könnte, die Sehnsucht nach Sinn und Mut und Tatkraft, die brauchen wir auch. Auch wir warten, ich jedenfalls tue es, und ich vermute, Sie auch, weil wir alle, glaube ich, diesen Mehrwert Leben brauchen, dieses tiefe Wissen darum, dass ich mehr bin, als andere sagen und ich mir selbst zutraue, dass das Leben tiefer ist, als es scheint, dass da noch Größeres, Glänzenderes ist als die grau-graue Wirklichkeit, die ich vor Augen habe.

Auch wir warten.

Wenn ich aber nun nicht halsstarrig und steifnackig enden will, nicht mit starrer Seele und hartem Herzen, wie warte ich dann am besten?

Es gibt viele Arten zu warten; hören wir da mal hin! Auf die Arten zu warten:

Ich kann *ab-warten*. Das ist ein eher distanziertes Warten, auf Abstand und Verdacht, ein »Schau'n-mer-mal«, wer oder was da auf mich zukommt, ein wenig Skepsis ist auch dabei – und manchmal wünsche ich das, worauf ich warte, gar nicht: die Mathe-Arbeit, die Kündigung, der unliebsame Besuch – »Na, ich kann's abwarten!«

Ich kann auch *er-warten*. Darin schwingt Sehnsucht, Leidenschaft schon, wenn ich es kaum erwarten kann, meine Frau, meine Kinder wiederzusehen. In Erwartung mache ich das Herz auf und die Arme sehr weit, dann öffne ich mich, dann bin ich in froher Erwartung, in guter Hoffnung vielleicht sogar, dann lebe ich der Zukunft zugewandt.

Freilich gibt es die Er-wartung auch fordernder. Ich kann auch so erwarten, dass ein anderer gefälligst etwas tun oder liefern soll, dann hege ich hohe Erwartungen. Zuweilen ist das nur recht und billig: Wenn ich Verlässlichkeit und Verantwortlichkeit erwarte unter Freunden, hat das einen guten Grund, und wenn ich von Gott Aufmerksamkeit erwarte, verlange, einfordere, wird er es nicht verbieten. Aber mit allzu hohen Erwartungen laufe ich auch Gefahr, enttäuscht zu werden – namentlich dann, wenn ich alles vom anderen, von mir selbst aber nichts erwarte.

Zu-warten kann ich auch, dann bin ich in Geduld schon etwas geübt, dann habe ich Ausdauer und Kraft zu warten, denn Warten kostet Kraft und fordert Beharrlichkeit. Wer zuwartet, der hat Energie und kann beharren, der wartet gut – und der ist sich wohl auch gewiss, dass er bekommt, worauf er wartet. Schadet nichts, wenn es sich noch etwas hinzieht, wenn ich nur weiß, dass die Hoffnung sich erfüllt, das Ersehnte eintrifft.

Ich kann auch *auf-warten*. In diesem Wort klingt die ganz alte, die ursprüngliche Bedeutung des Wortes »warten« mit. Wer auf-wartet, der hat Acht auf den anderen – und wenn der seinen Teller leergegessen hat und seinen Becher ausgetrunken, dann legt der Aufwartende nach und schenkt wieder ein – höflich und aufmerksam –, dann wartet er mit weiteren Köstlichkeiten auf. »Eines Amtes warten«, »den Kindern warten«, das sind solche alten Wendungen, die das Warten kennen als Hilfsbereitschaft und ernst gemeinte Aufmerksamkeit, als Pflichtbewusstsein und Dienst. Der Wärter, das war zu Anfang eben nicht der Vollzugsbeamte im Knast, der die Zellen aufschließt und Gefangene in Gewahrsam hält; das war der Dienstbeflissene, der sich ums leibliche Wohl sorgte seiner Herren oder Gäste. Der Tankwart, den es heut wohl nicht mehr gibt, und der Bahnbeamte im Wärterhäuschen, der auch außer Dienst gestellt ist, die hatten noch aufmerksame, dienstbare Wärterberufe.

Und das geht noch kräftiger: Der »Wart«, das ist im alten Sinn der Wachturm, der Burgfried, auf dem ich gute Aussicht habe, und von dem aus ich weit ins Land schauen kann und sehe, ob Feind kommt oder Freund. In den Namen der »Wartburg« oder der »Bockenheimer Warte« in Frankfurt ist diese Bedeutung noch wach.

Und sie gefällt mir besonders, sie versteht das Warten als eine sensible, zukunftsorientierte Haltung. Dann bleibe ich nicht im Wartesaal hocken, nicht in der Warteschleife gefangen, dann versetzt mich niemand in den Wartestand, dann bin ich nicht untätig, lebensfaul und verloren, sondern achtsam und aufmerksam.

Dieses Warten, dieses »Auf-der-Wart« sein, hatte, meine ich, Jesus im Sinn, ein offenes, eines, das den Blick weitet, und das nicht starr nach oben gerichtet ist, sondern weit um mich her.

»Die Erlösung ist nah«, weiß Lukas; darum schaue ich nicht nur haupterhoben in den lichtjahrfernen Sternenhimmel oder ins drohende Gewölk, darum bin ich aufmerksam für all das um mich her, Welt und Mensch und Gott.

Dann wird der Nacken nicht steif, und die Seele bleibt lebendig, dann wird das Herz aber ruhig und gewiss, dass Gott meiner wartet, dass er sich meiner annimmt – und die Erlösung ist längst da. Schaut euch nur um!

Amen

Lied: O Heiland reiß die Himmel auf ... (EG 7,1-3.5)

Bitte beten Sie mit uns:

Zwischengesang:
Seht auf und erhebt eure Häupter,
weil sich eure Erlösung naht,
weil sich eure Erlösung naht.
(EG 21)

*Liturg*in:*
Du siehst, Gott, wo es Erlösung braucht:
wo wir Mut nötig haben,
um an Zukunft zu glauben,
damit wir Hand anlegen,
wo wir gebraucht werden.
Ermutige uns, denn wir halten Ausschau nach dir!

Seht auf und erhebt eure Häupter …

*Sprecher*in:*
Du siehst, Gott, wo es Erlösung braucht:
dort, wo die Waffen nicht schweigen,
wo Menschen vor Trümmern stehen
und zu Opfern geworden sind,
wo sie verzweifeln.
Greif ein, denn sie halten Ausschau nach dir!

Seht auf und erhebt eure Häupter …

*Sprecher*in:*
Du siehst, Gott, wo es Erlösung braucht:
wo einer ratlos ist und nicht weiterweiß,
wo eine in ihrer Sucht gefangen ist,
wo Menschen blind geworden sind
für eine Zukunft, die ihnen gilt.
Steh an ihrer Seite, denn sie halten Ausschau nach dir!

Seht auf und erhebt eure Häupter …

*Sprecher*in:*
Du siehst, Gott, wo es Erlösung braucht:
wo Kinder missachtet werden,
geschlagen und missbraucht,
wo sie verstummen und ihre Seele zerreißt.
Heile sie, Gott, denn sie halten Ausschau nach dir!

Seht auf und erhebt eure Häupter ...

*Sprecher*in:*
Du siehst, Gott, wo es Erlösung braucht:
wo deine Kreatur bitterlich seufzt
und ihr Sterben beklagt,
wo für das Loblied der Geschöpfe kein Platz mehr ist,
wo Hitze das Land verbrennt und Wasser es fortreißt.
Rette deine Geschöpfe, Gott, denn sie halten Ausschau nach dir.

Seht auf und erhebt eure Häupter ...

*Liturg*in:*
Du siehst, Gott, wo es Erlösung braucht.
In der Stille sagen wir dir,
was uns persönlich belastet und bewegt:
...
(Gebetsstille)

Geh mit uns durch die Zeit, Gott,
denn wir halten Ausschau nach dir!

Seht auf und erhebt eure Häupter ...

Beten wir miteinander, wie Jesus gebetet hat:
Vaterunser ...

*Liturg*in:*
Und der Friede Gottes, der höher ist
als unser Hoffen und Sehnen,
unser Schauen und Verstehen,
der bewahre eure Herzen in Christus Jesus.
Amen

Lied: Das Volk, das noch im Finstern wandelt ... (EG 20,1-4)

*Liturg*in:*
Gehen wir in diesen Tag und in die Adventswoche im Segen und im Frieden unseres Gottes:

Schau dich nur um – Gott ist nicht fern.
Schau dich nicht um – er geht an deiner Seite.
Schau dich nur um – schon wird es heller.

So segnet und behütet dich Gott,
der Liebevolle und Lebendige,
der Vater, der Sohn und der Heilige Geist.

Amen, Amen, Amen

Orgelnachspiel

Sein Gesicht. Gottesdienst im Advent

Orgelvorspiel

Votum – **Amen**

Begrüßung:
Sehr herzlich begrüße ich Sie und euch heute, hier, im Gottesdienst zum Anfang des neuen Jahres: des neuen Kirchenjahres! Jetzt beginnt sie wieder, die schöne Adventszeit, die erste Kerze brennt, Adventskalender sind im Gebrauch, die Erwartung steigt – jetzt geht es um Ausblicke. Und ums Warten-können. Nicht unbedingt eine leichte Übung, aber eine lohnende, eine, die das Leben tief und sinnvoll macht. Lassen Sie sich darauf ein in den kommenden Wochen!

Lied: Macht hoch die Tür ... (EG 1,1-3)

Der Gott, der sich aufmacht, die zu besuchen, die er liebt, unser Gott, der sei mit euch – **und mit deinem Geist**

Beten wir im Wechsel miteinander einen Adventspsalm, zu Beginn und dazwischen antworten wir mit einem Zwischengesang:
Wir sagen euch an den lieben Advent ... (EG 17,1)

Wir sagen euch an ...

Gott, komm, wir warten auf dich;
Gott, komm, und zögere nicht.
    Wir brauchen dich, Gott,
    damit es heller werde in einer dunklen Zeit.
Wir brauchen dich, Gott,
damit es heller werde in unseren Herzen.

Wir sagen euch an …

Gott, komm, wir warten auf dich,
Gott, komm, um zögere nicht.
    Wir sehnen uns nach deinem Wort, Gott,
    das uns tröstet und das uns Mut macht.
Wir sehnen uns nach deinem Wort, Gott,
das uns zurecht bringt und uns Wege weist.

Wir sagen euch an …

Gott, komm, wir warten auf dich,
Gott, komm, und zögere nicht.
    Wir öffnen uns für dich, Gott,
    zieh ein in unsere Tage.
Wir öffnen uns für dich, Gott,
heile uns und schenk uns ein Lachen.

Wir sagen euch an …

Du kommst, Gott, du lässt uns nicht warten.
Du kommst, Gott, unsere Sehnsucht wird gestillt.

Ehre sei dem Vater …

Bitte beten Sie mit mir:

Gott, manchmal wird mir das Warten zu lang,
manchmal berste ich schier vor Ungeduld.
Ich will dich spüren, Gott,
ich will dich hören und will dich an meiner Seite sehen.
Weil ich neugierig bin auf dich, Gott,
und weil ich ohne dich nicht sein kann.
Lass mich nicht warten, Gott,
das bitte ich dich:
Erbarme dich!

Kyrie eleison ... (EG 178.9)

Gott hört uns und er lässt sich hören.
Und das ist es, was Gott uns zusagt:
Sieh nur, Gott kommt zu dir, ein Gerechter und ein Helfer!

Ehre sei Gott in der Höhe – **und auf Erden ...**

Lied: Wie soll ich dich empfangen ... (EG 11,1+2)

Beten wir miteinander:

Du, Gott, großer, lebendiger, schöner Gott,
du, Gott, auf den wir warten,
nach dem wir uns sehnen,
damit es lebendig werde in uns
und schön um uns herum,
du, Gott, zögere nicht,
komm in unsere Zeit!
Das bitten wir dich durch Jesus Christus,
der unser Bruder geworden ist,

und der mit dir und dem heiligen Geist
lebt und wirkt von Ewigkeit zu Ewigkeit.
Amen

Lesung: Jeremia 23,5+6

> *Siehe, es kommt die Zeit, spricht der Herr, dass ich dem David einen gerechten Spross erwecken will. Der soll ein König sein, der wohl regieren und Recht und Gerechtigkeit im Lande üben wird.*
> *Zu seiner Zeit soll Juda geholfen werden und Israel sicher wohnen. Und dies wird sein Name sein, mit dem man ihn nennen wird: »Der Herr unsere Gerechtigkeit«.*

Freue dich, du Tochter Zion, und jauchze, du Tochter Jerusalem,
Siehe, dein König kommt zu dir, ein Gerechter und ein Helfer.
Halleluja

Halleluja ...

Lied: Tochter Zion ... (EG 13,1-3)

Sein Gesicht.
Predigt

Weise mir, Gott, deinen Weg, dass ich wandle in deiner Wahrheit.
Amen

Hören wir auf Gottes Wort zum Advent, im Evangelium des Matthäus, im 21. Kapitel, die Verse 1-11:

> *Sprecher*in 1:*
> Als sie nun in die Nähe von Jerusalem kamen, nach Betfage an den Ölberg, sandte Jesus zwei Jünger voraus und sprach zu ihnen:

*Sprecher*in 2:*
»Geht hin in das Dorf, das vor euch liegt, und gleich werdet ihr eine Eselin angebunden finden und ein Füllen bei ihr; bindet sie los und führt sie zu mir!
Und wenn euch jemand etwas sagen wird, so sprecht: Der Herr bedarf ihrer. Sogleich wird er sie euch überlassen.«

*Sprecher*in 1:*
Das geschah aber, damit erfüllt würde, was gesagt ist durch den Propheten, der da spricht (Sacharja 9,9):

*Sprecher*in 3:*
»Sagt der Tochter Zion: Siehe, dein König kommt zu dir sanftmütig und reitet auf einem Esel und auf einem Füllen, dem Jungen eines Lasttiers.«

*Sprecher*in 1:*
Die Jünger gingen hin und taten, wie ihnen Jesus befohlen hatte, und brachten die Eselin und das Füllen und legten ihre Kleider darauf und er setzte sich darauf.
Aber eine sehr große Menge breitete ihre Kleider auf den Weg; andere hieben Zweige von den Bäumen und streuten sie auf den Weg.
Die Menge aber, die ihm voranging und nachfolgte, schrie:

*Sprecher*in 3:*
»Hosianna dem Sohn Davids! Gelobt sei, der da kommt in dem Namen des Herrn! Hosianna in der Höhe!.«

*Sprecher*in 1:*
Und als er in Jerusalem einzog, erregte sich die ganze Stadt und fragte:

*Sprecher*in 2:*
»Wer ist der?«

*Sprecher*in 1:*
Die Menge aber sprach:

*Sprecher*in 2:*
»Das ist Jesus, der Prophet aus Nazareth in Galiläa.«

Das wird ein Aufmarsch gewesen sein, liebe Gemeinde, ein Trubel und Getümmel, wie's Jerusalem nicht oft zu sehen bekam. Es gibt ja moderne Versionen davon, vor zwei oder drei Wochen erst fand eine statt, mit rotem Teppich, Paparazzi-Spalier und allem drum und dran. Die Furtwängler war da, Herr Burda der Ältere natürlich auch, Philipp Lahm und Miro Klose hab ich gesehen, die Schöneberger und Samu von Sunrise Avenue, Lang Lang hat nicht gefehlt, Peter Maffay gab sich die Ehre und Sarah Wiener war da, aber hat, glaube ich, nicht gekocht.

Vielleicht haben Sie es auch mitbekommen, die Bambi-Preisverleihung, diesmal in Berlin. Ich schau mir so was gerne an, das Bambi und den Oscar, die – auf etwas gehobenerem Niveau – Verleihung des Deutschen Filmpreises oder des »Echo«. Doof find ich nur, dass ich so einen Preis nie kriegen werde, so'n goldiges Rehlein oder irgendein Meißner Porzellan. Selbst der Deutsche Predigtpreis – den gibt es wirklich, allerdings undotiert!   , selbst der ist mir bisher verwehrt geblieben! Trotzdem, ich schau es mir gerne an, weil da was zu lernen ist über deutsche Kultur und was sich dafür hält, und weil solche Verleihungen viel über Verlierer sagen.

Am spannendsten find ich nämlich die Gesichter derer, die den Preis nicht bekommen. Selten ist einer ganz offensichtlich enttäuscht, manche applaudieren den siegreichen Konkurrenten pflichtschuldig, andere überbieten sich an – ich unterstelle mal – gespielter Begeisterung.

Bei Jesus, damals, ging es nicht um einen Medienpreis oder um Bestnoten beim Eselreiten, um einen Meistersingerwettbewerb oder einen antiken Oscarius. Begeistert waren die Leute trotzdem – schrill kreischende Teenies am Wegesrand, bedächtig würdevolle Honoratioren schritten einher, Autogrammjäger drängten sich an ihren Star heran, die Menge skandierte seinen Namen. D.h. genauer: Sie sangen ihm ein Loblied, ein ganz altes, das Loblied auf einen König, auf den König der Könige: »Hosianna dem Sohn Davids!«

Mit dem da, dem Eselreiter, dem Wundertäter, dem wortmächtigen Erzähler, mit dem verbanden sie Hoffnungen, der verlieh ihren Sehnsüchten Ausdruck. Das tun die heutigen Stars und Idole auch, das gilt für die ernst zu nehmenden Künstler von Film und Ton genauso. Die, die im Mittelpunkt der öffentlichen Aufmerksamkeit stehen, die, die gefeiert und gepriesen werden, die stehen für Hoffnungen, für Fragen und Wünsche, für Sehnsüchte und Bedürfnisse, die das Publikum hat. Das war bei Jesus nicht anders, sein Preis war kein Silberner Löwe, kein goldenes Bambi, sein Preis war ein Lobpreis, ein Lobgesang, der ihm die Würde des Messias, des Weltenretters andichtete. Und das ist keine Kleinigkeit, das ist reichlich mehr als der Oscar oder ein Nobelpreis für irgendwas – mehr kann ich von einem Menschen eigentlich nicht erwarten, als dass er ein Volk rettet, die ganze Welt heilt und meine ganz persönlichen Wunden gleich mit.

Jesu Gesicht, das hätte ich gerne gesehen, als er einritt auf dem roten Teppich aus Mänteln und Zweigen. Matthäus erzählt, dass er kein Wort sagte zum Volk und zum Jubeltrubel; er schweigt. Anders als heute, da die Preisträger ziemlich gleichlautend ihrem wunderbaren Team und den hervorragenden Kollegen und Mama und Papa danken – Jesus schweigt. Wie wird er dreingeschaut haben?

Mich interessiert das, weil ich, wie gesagt, die Gesichter der Verlierer am spannendsten finde. Der da einreitet, der sich besingen und preisen lässt, der ist nämlich, ein paar Tage später nur, der Verlierer schlechthin. Die heute »Hosianna« rufen, kreischen und brüllen nicht mal eine Woche danach: »Kreuzigt ihn! Kreuzigt ihn!« Der Hoffnungsträger von heut wird morgen ein Gescheiterter sein.

Die ihn jetzt bejubeln, verschreien ihn dann, weil er ihre Hoffnungen enttäuscht. Alles andere als königlich, alles andere als Weltenretter-like, ganz anders als Bruce Willis, James Bond und Spiderman, lässt er sich gefangen nehmen, verhören und foltern; mit der Macht, die sie ihm zurufen, als er über den Teppich schreitet, mit seiner Macht ist es nicht weit her, er schmeißt die Römer nicht aus dem Land, er bringt nicht den ewigen Frieden, er versagt auf der ganzen Linie.

Ich weiß nicht, wie es Ihnen geht, aber so ganz kann ich es den Leuten nicht verdenken. Klar, so im Nachhinein gesehen ist es nicht die feine Art, Jesus von Nazareth zuerst in den Himmel zu heben und ihn dann fallen zu lassen wie einen unliebsamen Verwandten. Aber solche Enttäuschungen, die kenne ich durchaus – die kennen Sie vermutlich genauso.

Was habe ich nicht schon von Gott erbeten, und er blieb stumm! Was habe ich nicht schon erhofft, und ich wurde maßlos enttäuscht, von Menschen immer wieder, von Gott ganz besonders! Und ich habe meine Erwartungen schon heruntergeschraubt, es muss ja gar nicht viel sein: ein bisschen Glück, eine Linderung des Schmerzes, ein zaghafter Schimmer von Hoffnung, die Erfüllung eines bescheidenen Traumes. Aber nichts da, kein Wort, kein Ton, kein Hauch – ich fühle mich alleingelassen, als gäbe es ihn nicht, oder als interessierte er sich einfach nicht für mich, wenn es ihn denn gibt. Anders als in Jerusalem damals wird sich meine Enttäuschung wohl nicht in Hass verwandeln, aber in Zweifel, in Gleichgültigkeit, das geht durchaus.

Jesu Gesicht, das hätte ich gerne gesehen. Das Gesicht eines Verlierers, der sich schon ausmalen konnte, wie er enden würde. Sein Gesicht hätte ich gerne gesehen, weil ich glaube, dass sein Gesicht Antworten hat; Antworten auf unsere Hoffnungen und unsere Enttäuschungen, Antworten auf unsere Zweifel und unsere Sehnsüchte.

Jesu Gesicht. Geschminkt wird es nicht gewesen sein, mit einer Frisur gestylt von Promicoiffeur, er wird die Falten nicht geliftet haben. Und er hat die Schaustellergrimassen nicht gelernt: die emotionale Begeisterung von der Stange, die Krokodilstränen der Rührung, die mancher heute perfekt beherrscht; und er trug nicht die süßlich-barmherzige Fratze der Eitelkeit oder die hochmütige Unnahbarkeit der Tyrannen.

Am Kreuz, dort, wohin das Publikum ihn wünscht, als die Show zu Ende ist, am Kreuz zeigt er sein wahres Gesicht: ein schlichtes, ein leidendes, ein menschliches Gesicht.

Vielleicht, sag ich mal, sehr menschlich, sehr arglos gedacht: Vielleicht ist ihm dieser Einzug auf Esel und Teppich etwas peinlich gewesen; denn er, Jesus von Nazareth, Gottessohn, er ist kein anderer als die, die ihn besingen und ihre Hoffnungen an ihn herantragen. Er ist der Mensch, in dessen menschlichem Antlitz Gott zu sehen ist, der menschliche Gott: nah, mittendrin und leidensfähig. Der Gott, der das Kreuz nicht scheut, um all die enttäuschten Hoffnungen und elenden Zweifel mitzutragen.

Mit seiner Macht ist es nicht weit her, aber sie kommt von tiefer, als wir begreifen, und sie bewegt mehr, als wir uns ausmalen können. Eine Macht, die durch den Tod hindurch den Tod besiegt – und damit den Mächtigsten, der unser Leben in Zweifel stellen kann –, eine solche Macht ist nicht preisverdächtig, sie ist nicht schön und ehrenvoll, sie hat nicht das Flair von Eselsreitern und Bambigewinnerinnen –, aber sie kommt aus der Tiefe des Herzens Gottes und sie umfängt noch unsere größte Verzweiflung, sie birgt noch unsere allerschmerzlichste Not.

»Wer ist der?«, fragen die Leute in Jerusalem aufgeregt, und indem sie fragen, hoffen sie auch, dass er einer für sie sei, einer, der hilft. Jesus ist es, der, in dessen Antlitz Gott uns ansieht, der menschenfreundliche Gott.

Amen

Lied: Die Nacht ist vorgedrungen … (EG 16,1.3.4)

Bitte beten Sie mit uns:

Zwischengesang:
Seht, die gute Zeit ist nah,
Gott kommt auf die Erde,
kommt und ist für alle da,
kommt, dass Friede werde.
(EG 18,1)

*Liturg*in:*
Du, Gott, mit dem menschlichen Antlitz,
mit den guten Augen und mit deiner großen Aufmerksamkeit:
Gott, sieh uns gut an,
damit dein Blick unsere Wunden heilt,
die Schmerzen lindert,
damit wir zu hoffen wagen auch gegen den Augenschein.
Das bitten wir dich.

Seht, die gute Zeit …

*Sprecher*in:*
Du, Gott, mit dem menschlichen Antlitz,
mit den guten Worten und dem weiten Herzen,
hör auf die Zweifel der Entmutigten,
lausch in das Schweigen derer hinein,

die vor Angst und Verzweiflung verstummt sind,
sprich denen Kraft zu,
die keine mehr haben.
Das bitten wir dich.

Seht, die gute Zeit …

*Liturg*in:*
Du, Gott, mit dem menschlichen Antlitz,
mit dem Lachen um den Mund und dem Glanz in den Augen,
stimme ein in das Gelächter der Fröhlichen,
denen das Leben leicht von der Hand geht,
spüre dem stillen Glück der Liebenden nach,
und bewahre den Lebenslustigen die Neugierde –
und, Gott: Liebe und Lust, Glück und Lachen
sollen ansteckend sein.
Das bitten wir dich.

Seht, die gute Zeit …

*Sprecher*in:*
Du, Gott, mit dem menschlichen Antlitz,
der du dich anrühren lässt von unserer Not,
Gott, umfange die Kranken und Sterbenden.
Teile den Schrecken, der der Tod hinterlässt,
weine die Tränen mit
und tröste sie mit deinem Trost,
der weiterhilft, der leben hilft.
Das bitten wir dich.

Seht, die gute Zeit …

*Liturg*in:*
Du, Gott, mit dem menschlichen Antlitz,
du hörst uns, wenn wir rufen, bitten, schweigen.
In der Stille sagen wir dir,
was uns ganz persönlich belastet, beglückt und bewegt:
...
(Gebetsstille)

Für alle, die wir lieben,
und die du uns anvertraut hast,
und für uns selbst,
bitten wir dich, menschlicher Gott, um deine menschliche Nähe.

Seht, die gute Zeit ...

Beten wir miteinander, wie Jesus gebetet hat:
Vaterunser ...

*Liturg*in:*
Und der Friede Gottes,
der höher ist als unser Warten und Sehnen,
unser Hoffen und Verstehen,
der Friede Gottes bewahre eure Herzen
in Christus.
Amen

Lied: O Heiland, reiß ... (EG 7,4.5.7)

*Liturg*in:*
Gehen wir in den Advent,
in alles Hoffen und Warten,
im Segen und im Frieden unseres Gottes!

Der freundliche Gott schaut nach dir;
der freundliche Gott lächelt dir zu;
der freundliche Gott verliert dich nicht aus den Augen.

So segnet und behütet Gott,
der Liebevolle und Lebendige,
der Vater, Sohn und Heiliger Geist.

Amen, Amen, Amen

Orgelnachspiel

Bahn frei!
Predigt im Advent
zu Jesaja 40,1-5

Gott, öffne mir die Augen, dass ich sehe die Wunder an deinem Wort. Amen

Hören wir auf Gottes Wort, heute Morgen im Advent aus dem Buch des Propheten Jesaja, im 40. Kapitel, die Verse 1-5:

> *Tröstet, tröstet mein Volk!, spricht euer Gott.*
> *Redet mit Jerusalem freundlich und predigt ihr, dass ihre Knechtschaft ein Ende hat, dass ihre Schuld vergeben ist; denn sie hat doppelte Strafe empfangen von der Hand Gottes für alle ihre Sünden.*
> *Es ruft eine Stimme: In der Wüste bereitet Gott den Weg, macht in der Steppe eine ebene Bahn unserm Gott!*
> *Alle Täler sollen erhöht werden, und alle Berge und Hügel sollen erniedrigt werden, und was uneben ist, soll gerade, und was hügelig ist, soll eben werden; denn die Herrlichkeit Gottes soll offenbart werden, und alles Fleisch miteinander wird es sehen; denn Gottes Mund hat's geredet.*

Ach, du liebe Güte, wie langweilig ist das denn? Zum Gähnen langweilig! Ich meine jetzt nicht meine Predigt, ich habe ja gerade erst angefangen, nein: diese Zeilen aus dem Jesaja-Buch selbst, diese Worte über den Trost, die Herrlichkeit und über die Art, wie Gott sich seine Wege bahnt – langweilig! Ich male mir das einmal aus, was da steht – und wenn ich mir das bildlich vorstelle, dann heißt das doch: norddeutsche Landschaften, topfeben soll es werden, Wattenmeer und Salzwüste, kein Hügelchen, auf dem sich das Auge ausruhen kann, kein kleines Tal, in dem ich etwas Schatten fände. Das ist doch langweilig.

Ich persönlich mag das Meer ja sehr, aber ich liebe doch auch die Berge, liebe die scharfen Konturen der Grate am Abend, das Licht, das durch die Felsen bricht am Morgen, liebe den Ausblick von da oben, und ich mag tief eingeschnittene Täler, in denen Bäche rauschen und kleine Seen wie Perlen liegen. Stellen Sie sich vor: der Schwarzwald ohne Feldberg und Belchen, keine Wanderwege an den Bächen entlang, keine Triberger Wasserfälle, keine Burgen und Schlösser, dafür den freien weiten Blick in die zersiedelte Ebene oder aufs Karlsruher Industriegebiet an klaren Tagen. Na, vielen Dank – das ist doch langweilig!

Aber ich will mich doch mal darauf einlassen, auf dieses »Bereitet Gott den Weg« und habe meinem inneren Landschaftsarchitekten befohlen, alles zu nivellieren: das Hohe niedrig, das Tiefe hoch.

Und ich habe mich gefragt, was denn Höhen und Tiefen sein könnten – auf unseren Wegen, auf den menschlichen Wegen. Was würde denn da an Hohem und Tiefem alles zur Seite geräumt?

Bei den Tiefen, da müssen wir ja nicht wirklich lang überlegen. Da fällt uns eine Menge ein: Streit und Krankheit, Trauer und Tod, eine Krise, schlechte Aussichten, wenn ich etwas wage und es gelingt nicht; abgewiesen zu werden, ein schlechtes Gewissen zu haben, das alle sind Umstände, die mir leicht im Weg stehen können, die gerne klein gemacht werden und verschwinden dürfen.

Aber bei den Höhen, bei dem, was unserem Leben Ausblick und Perspektiven gibt, da braucht eigentlich nichts abgetragen werden. Solche Lebenshöhepunkte, das sind: gute Erfahrungen, Spaß im Leben und Freude am Leben, Freundinnen und Freunde zu haben,

Glück und Geld (nicht zu viel freilich, grad halt, dass es sich gut leben lässt), und Zeit für schöne Dinge.

Also, das alles braucht keiner kleinzumachen. Kein Bedarf an Einebnung von Glück und Spaß und Lebensfreude!

Aber warum posaunt es der Prophet denn dann so hinaus? Warum fordert er flaches Land, norddeutsche Verhältnisse, Salzwüsten?

Die Idee ist nicht abwegig, dass uns das, was zum Höchsten und Schönsten zählt, ja durchaus im Weg stehen kann. Gut und Geld sind ja nicht falsch an sich, aber wenn sie mein Handeln und Denken regieren, nehmen sie mich gefangen; Glück und Freude sind überaus erstrebenswert, aber wenn's mir irgendwann nur noch um mein Glück geht, dann werde ich egoistisch und einsam. Die eindrückliche Reise, das großzügige Haus, die sind eine Freude – aber wenn sie mein Denken bestimmen, nehmen sie mir den Blick für das, was noch viel schöner ist. Also, ganz ohne sind die Berge und Höhen auch nicht.

Aber müssen wir denn das Kind mit dem Bade ausschütten? Bloß weil's ein paar Schluchten und schroffe Felsen gibt, schaff ich nicht gleich die Berge ab! Jesaja aber besteht darauf: »Macht in der Steppe eine ebene Bahn unserem Gott!«

Ich lass mich nochmal darauf ein:

Also gut: *tabula rasa*, plattgedrückt das Land – aber ich verbinde diese Gleichmacherei mit einer Forderung: Wenn wir auf die schattigen Täler schon verzichten müssen und nicht mehr zu den Höhen aus Glück und Lachen und Lebenslust aufschauen sollen, dann muss aber etwas Besseres her, dann muss da etwas zu sehen sein, das uns gänzlich einnimmt und beglückt.

Jesaja hat drei Worte für uns, mit denen er sich rechtfertigt, sich und die rabiate Landschaftsarchitektur. Die Worte heißen: Trost, Freundlichkeit und Herrlichkeit. »Tröstet, tröstet mein Volk« – »Redet mit Jerusalem freundlich!« – »Denn die Herrlichkeit Gottes soll offenbart werden, und alle Menschen miteinander werden es sehen.«

Darum, meint Jesaja, sollen die Trauertäler und die Streitschluchten, die Angstabgründe aufgefüllt werden, darum müssen die Spaßspitzen und die Begeisterungsberge, die Heilshügel abgetragen werden, damit alle Menschen, allesamt, die Herrlichkeit Gottes sehen. Nichts soll den Blick verstellen auf einen wunderbaren, wunderschönen Gott, der kommt, uns zu besuchen. Der sich zeigt und zu erkennen gibt. Denn wenn ich Gott sehe, dann strahlt mein Antlitz von seinem Glanz, dann leuchtet es im Herzen hell auf und die Seele wird ruhig.

Aber: Was ist denn nun so herrlich an dem herrlichen Gott, was kommt da, dass es uns umhaut und staunen macht, wie wir es nie gekannt haben. Welche Herrlichkeit rechtfertigt den Verzicht auf Spaß und Glück und Gut?

Geht's nur darum, dass einer zeigt, wie toll er ist, dass Gott sich in die Brust wirft und prunkt und protzt? Das Bild von der ebenen Bahn, das Jesaja hier malt, das stammt aus der Thronfeier der gottgleichen babylonischen Könige. Wenn sie einherzogen, wurden ihnen Wege bereitet, Heerwege, Prunkstraßen. Und da saßen sie hoch zu Ross oder in der Sänfte und zeigten ihre Pracht und ihre Macht – das Volk umher lag im Staub und staunte, oder besser: fürchtete sich vor diesem unnahbaren Herrscher, der mit Glanz und Gloria daherkam und sie keines Blickes würdigte.

Auf diese Art Herrlichkeit kann ich leicht verzichten. Die ist schal und blendet bloß.

Aber das meint Jesaja auch nicht. Auf welche Art Gott herrlich ist, das erschließt sich aus den anderen beiden Worten, aus »Trost« und »Freundlichkeit«.

»Tröstet, tröstet mein Volk« – Gott sagt es gleich zweimal, weil es sein Hauptanliegen ist. Wenn er kommt, dann kommt er zuerst und vor allem: zum Trost. Nicht als Vertröstung, wir müssen es richtig hören. Die Botschaft, die dem Propheten aufgetragen ist: »Tröste, rede freundlich!« – die Botschaft heißt nicht: Wartet mal ab, es wird schon, nur Geduld. Die Botschaft heißt: Ich komme, ich bin da, ich lass euch nicht umsonst hoffen. »Trost« – dieses alte, deutsche Wort kommt von »Vertrauen«: Wer getrost ist, vertraut – vertraut der eigenen Kraft, vertraut auf Gott, vertraut dem Leben. Wer getrost ist, hat Mut, spürt seine Kraft, lehnt sich auf gegen das Unerträgliche, ist mit den Umständen nicht zufrieden, wenn es keine guten sind.

Wer getrost lebt, lebt mutig, seiner selbst bewusst, kraftvoll. Lebt frohgemut, weil er nichts zu fürchten braucht, Gott ist auf seiner Seite, Gott ist auf dem Weg.

Gottes Herrlichkeit, das ist eine, die trösten will – da fällt ein Glanz von Herrlichkeit in meine Täler und das Eis taut weg, da geht ein Lichtstrahl Herrlichkeit über die Höhen und ein Tag bricht an. Gottes Herrlichkeit, das ist nicht die Pracht des Herrschers, der Protz des Potentaten – es ist ein gelinder, warmer Glanz, der sich ins Herz schleicht, ein Glanz von der Weihnacht her, ein Hauch, ein Luftzug Liebe.

Den spüren wir jetzt bald, der weht vom Fest her, vom Fest der Menschenfreundlichkeit Gottes. Und weil ich ihn spüren will, bereite ich einen Weg, mach ich die Bahn frei: die in meinem Herzen.

Amen

Ein rustikaler Freund. Predigt im Advent zu Jakobus 5,7+8

Ich harre auf den Herrn, meine Seele harret und ich hoffe auf sein Wort. Amen

Hören wir auf Gottes Wort, zum heutigen zweiten Adventssonntag, aus dem Brief des Jakobus, im 5. Kapitel, die Verse 7 und 8:

> *So seid nun geduldig, liebe Brüder, bis zum Kommen des Herrn. Siehe, der Bauer wartet auf die kostbare Frucht der Erde und ist dabei geduldig, bis sie empfange den Frühregen und Spätregen.*
> *Seid auch ihr geduldig und stärkt eure Herzen; denn das Kommen des Herrn ist nahe.*

Ein geduldiger Mensch, liebe Gemeinde, ein geduldiger Mensch bin ich gerade nicht. Davon können ja einige von Ihnen ein kleines Liedlein singen. Geduldig bin ich nicht: Ich will, dass meine Visionen für unsere Gemeinde überzeugen – und zwar sofort. Ich möchte, dass sich die Massen der Kirchenfernen in unsere Kirche ergießen – und zwar sonntäglich. Ich möchte, dass wir über alle Unterschiede und Verletzungen hinweg ins Gespräch kommen, miteinander, in ein gutes, fruchtbares, bereicherndes Gespräch – und zwar seit gestern schon. Ich will blühende Landschaften, lachende

Kinderaugen, getröstete Herzen – und immer gleich. Die Schüler sollen auf mich hören, die Konfirmandinnen beglückt sein, die Mitarbeitenden motiviert und wir alle Christinnen und Christen, wie sie im Buche stehen, in welchem auch immer. Ein geduldiger Mensch bin ich nicht.

Dass Ungeduld verletztzen kann, dass Drängen und Fordern an den Menschen vorbeigehen können, dass meine Atemlosigkeit andere außer Atem bringen mag, das habe ich gelernt.

Wer so ungeduldig ist wie ich, dem tut es ganz gut, einen Freund neben sich zu haben, der ihm mal auf die Schulter klopft, der ihm mal Bescheid gibt und den Kopf wäscht. Heut habe ich ihn, den Freund, einen besonderen, Jakobus heißt er, schon recht betagt; aber was er zu sagen hat, gibt mir zu denken – und dass ich mir von Jakobus etwas sagen lasse, liegt auf der Hand.

Ich hätte ihn gerne kennen gelernt. Er gefällt mir, weil er so widerborstig ist. Jakobus fällt heraus aus dem biblischen Mainstream, er ist etwas anders als die bunten Evangelien und deutlich anders als der etwas gehetzte und dabei so kompliziert-intellektuelle Paulus. Sie wissen vielleicht, dass Martin Luther, als er das Neue Testament übersetzte, Jakobus am liebsten aus dem Kanon geworfen hätte, weil er ihm zu unevangelisch war, zu wenig geprägt von des Paulus' Gnadenlehre und von Jesu Milde. Eine »stroherne Epistel« hat Luther den Jakobusbrief genannt – und hat's damit genau getroffen: Jakobus ist rustikal, wie ein Bauer, der Stroh drischt, aber kein leeres; Jakobus packt zu, redet nicht um den heißen Brei herum, nennt die Dinge beim Namen, fordert etwas und fordert heraus; Jakobus nimmt nichts auf die leichte Schulter und schaut schon mal recht ernst, fast finster drein. Er ist einer von den wirklichen, den verlässlichen Freunden, die nichts schönreden, nichts verbrämen, weil sie's gut meinen mit dir.

Hier, in unseren Zeilen, mahnt Freund Jakobus zur Geduld – und ich höre dem rustikalen Freund zu, ich, der ungeduldige Thomas, und wer es mit der Geduld auch nicht so hat, möchte auch ganz Ohr sein. Wahrscheinlich bin ich mit meiner Ungeduld, meinem Drängen, Hoffen und Harren ja auch nicht allein, oder?

Es gibt Schmerzen und Trauer, die für Geduld keinen Spielraum mehr lassen, die Abhilfe brauchen, sofort. Verängstigte und Verzweifelte gibt es, die können auf nichts mehr warten, da tut Hoffnung Not, sogleich. Und Sorgen gibt es, um den Mann, die Frau, die Tochter, den Sohn, die erdrücken die Geduld, und Sorgen um das Weltgeschehen, um die Spirale von Terror und Gewalt, um den Ausverkauf der Schöpfung – Sorgen, denen der Ruf nach Geduld wie Hohn klingt, sehr weltfremd und unbarmherzig. Dagegen ist mein bisschen Ungeduld kaum der Rede wert – aber ein Freund, ein rustikaler, will Jakobus allen sein, denen mit großen und denen mit kleinen Sorgen, den Atemlosen und den Gehetzten, den lauthals Klagenden und den Verstummten. Und allen sagt Jakobus: »Seid geduldig!«

Welche Geduld meint der betagte Freund?

Zuerst sagt Jakobus: Geduld hat ein Ziel. »So seid nun geduldig, liebe Geschwister, bis zum Kommen des Herrn!« Geduld hat mit Schicksalsergebenheit, mit Fatalismus und Pessimismus nichts zu tun. Wer mit Jakobus wartet, wartet eben, der er-wartet. Der setzt sich nicht in den Staub, verzweifelt und verdrossen, sondern hebt den Blick, schaut aus, der nimmt eine ganz bestimmte Warte ein, die *Aussicht* nämlich, Aussicht auf Gott. Geduld, meint Jakobus, jakobäische Geduld ist gepaart mit Neugierde und Vorfreude, Geduld hat einen weiten, weiten Horizont.

Noch einmal: Geduld hat laut Jakobus wenig mit Erdulden zu tun, wenig mit Aus- und Durchhalten. Sich ergeben – »Ach Mensch, lass fahren dahin!« (M. Luther) –, die Leidensmiene aufsetzen und aus tiefem Herzen seufzen, das ist des Jakobus Sache nicht. Er hat für die Geduld ein anderes Bild, ganz ihm entsprechend ein rustikales: den Bauern.

»Siehe, der Bauer wartet auf die kostbare Frucht!« Die Weisheit des Bauern ist, dass er weiß: An der Sache selbst gibt es nichts zu tun. Er kann säen, pflegen, umgraben und jäten, er kann bewässern, Glyphosat vermeiden und ernten – aber das Wesentliche, das Geheimnis von Wachstum und Fruchtbarkeit, das liegt nicht in seiner Hand. Den Frühregen zu machen und den späten, das vermag er nicht. Ich denke, das gilt auch heute noch, auch in unserer industrialisierten Landschaft und in den überdüngten Schrebergärten – das Geheimnis, dass etwas wird und wächst, das Geheimnis ist uns unverfügbar.

Der Bauer legt seine Hände freilich nicht in den Schoß, im Gegenteil: Er hat eine Menge zu tun, während er wartet. Er bringt die Maschinen auf Vordermann, schärft die Sichel, er fegt den Heuboden und richtet die Kornsäcke, er macht den Silo sauber und schmiert den Erntewagen, er plant den Winter, die nächste Aussaat und schreibt schon mal Einladungen fürs große Erntefest. Geduld heißt nicht Stillstand, nicht verharren in Reglosigkeit und Lethargie – Geduld macht, laut Jakobus, Arbeit. Vorbereitungen gilt es zu treffen, steht die Gottesankunft vor der Tür; das Herz gilt es zu öffnen, die Augen, der Verstand ist klarzumachen, Einkehr ist zu halten, und Abkehr vom Lärm, von der Ablenkung; das Zerstreute ist zu sammeln, sich selbst gilt es einzuholen und sich auszurichten auf den ankommenden Gott. Darum ist – traditionell – die Adventszeit auch nicht Fest-, sondern Fastenzeit; darum ist Adventszeit Vor-Weihnachtszeit in dem Sinne, dass es um Besinnung geht, darum, dass ich innehalte und dessen innewerde, was da geschieht, wenn Gott in die Welt kommt, den Menschen ganz nah.

Geduld ist Arbeit, Einkehr haltende Arbeit. Aber Jakob weiß auch, dass das Wesentliche durch unsere Arbeit nicht geleistet werden kann. Vorbereiten können wir uns auf Gottes Ankunft, bereiten können wir uns für Gottes Gegenwart – herbeizwingen können wir sie nicht. Es sind nicht wir, die Gott herbeilocken, weil wir so fleißig, so ansehnlich, so fromm, so gebildet und anständig wären. Nein, er ist es, der zu uns kommt, weil er uns liebt, ganz gleich, wie wir sind. Er kommt, ob wir uns vorbereiten oder nicht, er kommt, ob wir die Hände in den Schoß legen oder sie bis zur Erschöpfung regen; er kommt wie »die kostbare Frucht« des Bauern, am Ende unverfügbar, ein Geheimnis, eine Liebesgeheimnis.

Er kommt, und wir haben mehr davon, wir sind um eine Kostbarkeit reicher, wenn wir warten darauf, arbeitsam warten.

Er kommt nicht, weil wir die Herzen auftun; aber tun wir die Herzen auf, empfangen wir ihn; halten wir Ausschau, sehnen wir uns, dann werden die Herzen, Seelen, Gesichter: licht und warm.

Geduld ist dann, liebe Jakobus-Gemeinde, Geduld ist dann viel mehr als die Verlegenheit, eine Zeit durchhalten und vertreiben zu müssen; Geduld ist die Lebenshaltung, die Kostbarkeiten erwartet; Geduld ist das Lächeln eines Herzens, das sich auf das Wunderbare schon mal vor-freut; Geduld ist die neugierige Bereitschaft, Gott bei mir ankommen zu lassen – und indem ich bereit bin, hab ich Orientierung, weiß ich, woher der Trost und die Hoffnung kommen, kann ich jetzt schon leben, als läge mir die Ernte im Schoß, als sei das Leben schon heil und der Tod schon besiegt.

Gewiss ist es doch bloß noch eine Frage der Zeit.

Jakobus ist ein guter Freund – und weil sein Geduldsspiel mich nicht zum Nichtstun verdammt und nicht zu blinder Aktivität, darum höre ich gern auf ihn. Darum lausche ich gerne in seinen Brief und in meine Zeit hinein, in der sich Gott ankündigt, in die er zu kommen sich anschickt.

Komm, Gott, wir warten.

Amen

Lohnt sich's? Predigt im Advent zu Matthäus 11,1-6

Alle Morgen weckst du mir das Ohr, dass ich höre, wie Jünger hören. Amen

Hören wir auf Gottes Wort, aus dem Evangelium des Matthäus, im 11. Kapitel, die Verse 1-6:

> *Es begab sich, als Jesus diese Gebote an seine zwölf Jünger beendet hatte, dass er von dort weiterging, um in ihren Städten zu lehren und zu predigen.*
> *Als aber Johannes im Gefängnis von den Werken Christi hörte, sandte er seine Jünger und ließ ihn fragen: Bist du es, der da kommen soll, oder sollen wir auf einen andern warten?*
> *Jesus antwortete und sprach zu ihnen: Geht hin und sagt Johannes wieder, was ihr hört und seht:*
> *Blinde sehen und Lahme gehen, Aussätzige werden rein und Taube hören, Tote stehen auf und Armen wird das Evangelium gepredigt;*
> *und selig ist, wer sich nicht an mir ärgert.*

Er war doch eine etwas traurige Gestalt, liebe Gemeinde, dieser Johannes der Täufer. Erst hat er für Aufsehen gesorgt, der Sonderling, der Kauz, der sich von Honig und Heuschrecken ernährte (angeblich – ich will davon nicht gekostet haben müssen ...), der sich den Mund verbrannte, wo es nur ging. Er war ein Zeterer, ein Schreihals um Gottes willen – aber er hatte seine Anhänger. Nicht wenige sogar. Auch damals schon waren die Sonderlinge interessant. Dann lief ihm auf einmal dieser Jesus über den Weg, auch ein Ungewöhnlicher, Unangepasster, aber – in der Regel jedenfalls – ein Sanfter.

Ein Verwandter des Johannes war dieser Jesus auch noch, und nach dessen Taufe zog sich der Täufer zurück. Er, Jesus, müsse zunehmen, sagte Johannes über den neuen Wanderprediger, dem immer mehr Leute nachliefen – er selber, Johannes, müsse abnehmen: an Bedeutung, an öffentlicher Aufmerksamkeit, an der Zahl der Nachfolger, sagte Johannes über sich selbst. Ob da schon etwas Frustration mitschwang, ob er etwas enttäuscht war, weil immer mehr diesem Jesus nachliefen, immer weniger auf ihn hörten, den Täufer?

»Ich war aber zuerst da!« So mag es ihm in schwachen Abendstunden durch den Kopf gegangen sein. Jedenfalls geht es mit Johannes bergab. Einige seiner Jünger wenden sich Jesus zu, der Streit mit den Herrschenden eskaliert, Herodes lässt ihn ins Gefängnis werfen – und der Ausgang dieser Krise liegt auf der Hand. Johannes wird den Kerker nur verlassen, wenn er einen Kopf kürzer ist. Das sind miese Aussichten.

Und nun fragt Johannes. Er lässt Jesus fragen: »Sag mal, bist du der, auf den Israel gewartet hat? Bist du der Messias, der von Gott gesandte Retter, der die Heuchler bloßstellen und die Machtgierigen in ihre Schranken weisen wird? Hm, bist du's?«

Hinter dieser Frage steht noch eine andere, eine viel schmerzlichere, eine bange Frage. Johannes will wissen: »Hat sich das alles denn gelohnt? Hat sich mein großer Einsatz, hat sich die Schärfe meiner Worte, hat sich mein radikaler Lebensstil gelohnt? Hat es sich gelohnt, dass ich Menschen vor den Kopf gestoßen, dass ich mir Feinde gemacht habe? Lohnt es sich, jetzt im Verließ zu schmoren und auf den Henker zu warten?«

Lohnt sich das alles? Mir ist diese Frage sehr vertraut: Offene Kirche, ein breites Angebot an Veranstaltungen, aufwendige Gottesdienste, Netzwerk-Arbeit, Gespräche in der Seelsorge, Sitzungen, Vorbereitungstreffen und all die Mühe um Gottesdienste, um Kunst und Kontakte, Öffentlichkeitsarbeit, Schul- und Konfirmandenunterricht usw. usw. Lohnt sich das alles? Ist das alles die Mühe wert? Ihnen sind diese Fragen vermutlich auch vertraut – beruflich und privat. Und privat stellen sie sich ja noch viel banger! Lohnt es sich: der Verzicht auf dieses und jenes, der Kinder wegen? Hat es sich gelohnt, als ich über meinen Schatten gesprungen bin und Versöhnung gesucht habe? Hat es etwas gebracht, dass ich hilfsbereit war, dass ich verziehen habe, dass ich das Gespräch gesucht und mich zurückgenommen habe? Lohnt es sich, dass ich mich für eine Überzeugung einsetze, dass ich mich im Ehrenamt engagiere, dass ich auf meinen Lebensstil achte? Lohnen sich Treue, Wahrhaftigkeit und Respekt?

Lohnt sich das alles?

Johannes fragt, um im Kerker nicht zu verzweifeln. Wir fragen, damit wir wissen: Was wir tun und lassen, was uns beschäftigt und bewegt, das hat einen Sinn.

Hat es einen Sinn?

Jesus gibt Antwort. Ich finde das – noch ohne die Antwort selbst zu kennen – sehr viel und freue mich sehr, dass Gott mich nicht einfach auf mich selbst zurückwirft. Jesus hätte doch auch sagen können: »Mensch, Johannes, das musst du ja schon selbst wissen.« Gott könnte doch auch sagen: »Mensch, Thomas, wenn du das nicht selbst merkst! Ich habe dich ja nicht gebeten, dir ein Bein auszureißen, dich hier und da einzumischen, dich da und dort abzumühen – das musst du dir schon selbst beantworten!«

Nein, Gott antwortet. »Jesus antwortete und sprach zu ihnen, den Freunden des Johannes: Geht hin und sagt Johannes wieder, was ihr hört und seht: Blinde sehen und Lahme gehen, Aussätzige werden rein und Taube hören, Tote stehen auf und Armen wird das Evangelium verkündet.«

Jesu, Gottes Antwort ist: Achtet doch auf das, was ihr hört und seht, dann merkt ihr, dass es sich lohnt. Meine erste Reaktion auf diese Antwort ist eigentlich der Protest: Es gibt doch so viel Anstrengendes, so viele erschütternde Erfahrungen, so viel Mühe – das ist zu viel, das macht eher, dass mir Hören und Sehen vergehen, als dass ich da etwas Gutes entdecken könnte. Aber, das wissen Sie ja, bei Gott ist es immer geraten, noch den zweiten Blick zu wagen; und dann gibt es wirklich viel zu entdecken.

All unser Engagement für die Transformation der Kirche, für Stadt und Land und Gesellschaft, im Gottesdienst, im Unterricht, in Besuchsdienst, Seniorenkreis und Kindergottesdienst, all die Gespräche und Kontakte, die machen, dass wir viele Freunde haben. Menschen, die sich für uns interessieren und von denen wir lernen, die aufmerksam sind und wohlwollend. Immer wieder mal bin ich sehr begeistert vom menschlichen Reichtum unserer Gemeinde, von ihrer Lebendigkeit.

Aber gilt es auch fürs Private und Persönliche? Hört hin, schaut hin, sagt Jesus. Zu hören und zu sehen müsste sein, dass Blinde sehen und Lahme gehen – dass also Menschen die Augen aufgehen und dass sie in Bewegung kommen. Zu entdecken müsste sein, dass Aussätzige rein werden und Taube hören – dass also Menschen gesunden an Seele und Leib, dass ihr Horizont aufgetan wird. Und schließlich müssten wir finden, dass Tote aufstehen und Armen gute Botschaft verkündet wird – dass also Hoffnung ist gegen den Augenschein und dass Menschen ermutigt werden.

Bewegung, Heilung, Hoffnung – daran sehen wir, dass es sich lohnt, sich einzusetzen, über den Schatten zu springen, zu lieben und zu vertrauen. Daran sehen wir es – aber sehen wir es tatsächlich? Bewegung, Heilung und Hoffnung?

Ich glaube ja. Wenn ich mein Leben, meine Erfahrungen anschaue, dann muss ich sagen: Das hat es gegeben und das gibt es immer wieder. Und ich bin sicher, wenn Sie genau hinschauen, wenn Sie lauschen und aufmerksam sind, dann werden Sie es auch finden: Dass die lahme Eintönigkeit plötzlich auf Trab gekommen ist und Sie diese tiefe Lust am Leben verspürt haben. Oder dass Ihre Augen aufgetan wurden für Menschen um Sie her, die Sie bisher nicht beachtet haben, und auf einmal waren Freunde darunter. Oder eine lange offene Wunde wurde geheilt, weil Menschen mit ihrer Liebe da waren, mit ihrem Mitleiden, ihrer Fürsorge. Oder die Trauer konnte im Laufe der Zeit ihren Ort finden; ein Verlust, ein Schmerz hat ihnen gezeigt, wie wertvoll dieses Leben ist – und nun möchten Sie's nicht mehr missen.

Ich glaube, dass wir alle diese wunderbaren, beglückenden Erfahrungen kennen, die Erfahrungen von Bewegung, Heilung und Hoffnung. Ich glaube es, weil mir Menschen immer wieder davon erzählen. Wenn sie sich aufgetan haben, wenn sie gut hingehört haben, was um sie herum und ihnen drin passiert, wenn sie die Ohren aufgetan und den Blick weit gemacht haben; dann konnten sie ihn schmecken, diesen göttlichen Hauch, der durch unsere Tage zieht, dann konnten sie es hören, das göttliche Liebeswort, das durch allen Lärm hindurchdringt, dann konnten sie sie sehen: die göttliche Hand, die sich sanft in unser Leben einmischt.

Und wenn ich sie sehe, dann weiß ich, dass alles, alles, alles sich lohnt – das Helle und das Dunkle, das Leichte und das Schwere, das Lachen und das Klagen.

Am Ende wird Johannes das auch verstanden haben. Da konnte er seinem Tod ins Auge sehen in dem Wissen: Der Tod wird das Leben nicht besiegen, der trennt mich nicht von dem sorgsamen Gott, der mich liebt.

Zur Weihnacht können Sie ihn sehen, in der Krippe, und Sie werden die Engel singen hören und wissen: Dass ich hier bin, das lohnt sich!

Amen

Advent
Meditation

Wo bleibst du nur? Meditation

Liedstrophe:
Wo bleibst du, Gott,
wo bleibst du nur?
Zeig dich und lege eine Spur!
Nun komm, ach komm
und bleib nicht fern.
Sei unsre Hoffnung, unser Stern!
(Melodie: O Heiland, reiß die Himmel auf ... [EG 7],
Text inspiriert von Strophe 4)

*Sprecher*in 1:*
Ich hebe meine Augen auf zu den Bergen.
Woher kommt mir Hilfe?
(Psalm 121,1)

*Sprecher*in 2:*
Gott, wie lange willst du mich so ganz vergessen?
Wie lange verbirgst du dein Antlitz vor mir?
(Psalm 13,2)

*Sprecher*in 3:*
Mein Gott, mein Gott,
warum hast du mich verlassen?
(Psalm 22,2)

*Sprecher*in 4:*
Meine Seele dürstet nach Gott, nach dem lebendigen Gott.
Wann werde ich dahin kommen, dass ich Gottes Angesicht schaue?
(Psalm 42,3)

*Sprecher*in 5:*
Gott, ist's denn ganz und gar aus mit deiner Güte?
Hat die Verheißung für immer ein Ende?
(Psalm 77,9)

Wo bleibst du, Gott,
wo bleibst du nur?
Zeig dich und lege eine Spur!
Nun komm, ach komm
und bleib nicht fern.
Sei unsre Hoffnung, unser Stern!

*Sprecher*in 1:*
Meine Hilfe kommt von Gott,
der Himmel und Erde gemacht hat.
(Psalm 121,2)

*Sprecher*in 2:*
Ich traue aber darauf, dass du so gnädig bist,
mein Herz freut sich, dass du so gerne hilfst.
(Psalm 13,6)

*Sprecher*in 3:*
Er hat nicht verachtet noch verschmäht das Elend der Armen
und sein Antlitz vor ihm nicht verborgen.
(Psalm 22,25)

*Sprecher*in 4:*
Harre auf Gott, denn ich werde ihm noch danken,
dass er meines Angesichts Hilfe und mein Gott ist.
(Psalm 42,12)

*Sprecher*in 5:*
Du bist der Gott, der Wunder tut,
du hast deine Kraft erwiesen.
(Psalm 77,15)

Wo bleibst du, Gott,
wo bleibst du nur?
Zeig dich und lege eine Spur!
Nun komm, ach komm
und bleib nicht fern.
Sei unsre Hoffnung, unser Stern!

*Sprecher*in 1:*
Tröstet, tröstet mein Volk.
(Jesaja 40,1)

*Sprecher*in 2:*
Fürchte dich nicht, denn ich habe dich erlöst.
(Jesaja 43,1)

*Sprecher*in 3:*
Er trug unsere Krankheit und lud auf sich unsere Schmerzen.
(Jesaja 53,4)

*Sprecher*in 4:*
Es sollen wohl Berge weichen und Hügel hinfallen,
aber meine Gnade soll nicht von dir weichen.
(Jesaja 54,10)

*Sprecher*in 5:*
Über dir geht auf der Herr!
(Jesaja 60,2)

Wo bleibst du, Gott,
wo bleibst du nur?
Zeig dich und lege eine Spur!
Nun komm, ach komm
und bleib nicht fern.
Sei unsre Hoffnung, unser Stern!

*Sprecher*in 1:*
Mache dich auf –

*Sprecher*in 2:*
werde licht –

*Sprecher*in 3:*
denn dein Licht kommt –

*Sprecher*in 4:*
und die Herrlichkeit des Herrn –

*Sprecher*in 5:*
geht auf über dir!
(Jesaja 60,1)

Da bist du, Gott,
du zeigst dich gern!
Wir sehen dich, du bleibst nicht fern.
Du siehst und hörst
und kommst uns nah.
Dein Licht geht auf, ist für uns da.

Advent
Gebete

Lass leuchten. Zu den vier Wochenpsalmen der Adventszeit

1
Psalm 24,1-10
(1. Advent)

Die Erde ist des Herrn und was darinnen ist,
der Erdkreis und die darauf wohnen.

Blauer Planet.
Einsam im weiten All.
So verletzlich.
Kleine Insel voller Leben.
Wundersam, dass es dich gibt.
Woher?
Wohin?

Denn er hat ihn über den Meeren gegründet
und über den Wassern bereitet.

Wer darf auf des Herrn Berg gehen,
und wer darf stehen an seiner heiligen Stätte?

Darf ich?
Die ich klein bin?
Der ich nichts weiß?
Mir steht das Heilige nicht zu.
Ich weiß nicht einmal, wo Gott wohnt.

Wer unschuldige Hände hat
und reinen Herzens ist,
wer nicht bedacht ist auf Lug und Trug
und nicht falsche Eide schwört.

Ich lüge nicht.
Doch ich betrüge mich.
Denn unschuldig bin ich nicht.
Was immer ich tue, wie immer ich lebe.
Es ist zum Schaden in der verletzlichen Welt.
Dass sie gesunde!
Dazu trage ich nichts bei.
Zu wenig jedenfalls.

Der wird den Segen vom Herrn empfangen
und Gerechtigkeit von dem Gott seines Heiles.

Das ist das Geschlecht, das nach ihm fragt,
das da sucht dein Antlitz, Gott Jakobs.

Also frage ich, Gott.
Nach dir.
Wo bist du?
Wo bleibst du?
Wo bleibst du, mich zu verändern?
Wo bleibst du mit einer Kraft, die mich wandelt?

Machet die Tore weit und die Türen in der Welt hoch,
dass der König der Ehre einziehe!

Für Könige habe ich keine Tür.
Für Herrschaften keine Pforte.
Du musst dich kleiner machen, Gott.
Damit du einziehen kannst bei mir.
Es ist wenig Platz.
Wir werden noch umräumen müssen.
Ausmisten.
Bevor du dich zu Hause fühlst.
Aber: Hör nur!
Ich tue mich auf!

Machet die Tore weit und die Türen in der Welt hoch,
dass der König der Ehre einziehe!

Mir ist es eine Ehre, Gott.
Wenn du einziehst.
Ausgerechnet bei mir.
Die ich klein bin.
Der ich nichts weiß.
Aber gemütlich wird es lange nicht.
Da haben wir noch viel zu tun.

2
Psalm 80,2.3.5.6.15.16.19.20
(2. Advent)

Du, Hirte Israels, höre, der du Josef hütest wie Schafe!
Erscheine, der du thronst über den Cherubim,
vor Ephraim, Benjamin und Manasse!

Erscheine!
Der Morgen breche an!
Entzünde das Licht!
Erleuchte die Räume.
Spare die Keller nicht aus.
Die Schatten sollen fliehen.
Kerzen, Lampen, Fackeln, Feuer entfache.
Dass kein Winkel mehr dunkel sei!

Erwecke deine Kraft
und komm uns zu Hilfe!

Erwecke!
Rüttle, schüttle, strecke dich!
Wie am Morgen.
Wie nach dem langen Schlaf.
Erheb dich und leg die Müdigkeit ab.
Steh auf und wage feste Schritte.
Damit wir dich kommen hören!

Gott Zebaoth, wie lange willst du zürnen,
während dein Volk zu dir betet?

Du speisest sie mit Tränenbrot
und tränkst sie mit einem großen Krug voll Tränen.

Hast du die Tränen gezählt?
Die wir vergießen Tag für Tag?
Wir weinen um die Toten,
wir weinen um die Zerschlagenen,
die Hungernden und Verhungerten.
Die sich verzehrt haben nach dir
und einem Bissen Brot.

Die ermordet wurden,
erschossen, erschlagen,
auf die niemand hörte,
als sie schrien.
Als sie riefen nach dir.

Gott Zebaoth, wende dich doch!
Schaue vom Himmel und sieh darein.

Nimm dich dieses Weinstocks an!
Schütze doch, was deine Rechte gepflanzt hat.

Den Sohn, den du dir großgezogen hast!
So wollen wir nicht von dir weichen.

Denn wir sind von dir gewichen.
Wir sind des Rufens müde geworden.
Wir haben keine Geduld mehr.
Wir haben keine Kraft mehr.
Die Hände sind schwach geworden vom Beten.
Die Lippen sind zerschlissen.
Die Herzen sind krank vor Sehnsucht.
Wir haben uns verschlossen.
Weil du uns wohl nicht hörst.
Oder doch?
Dann lass es uns wissen.

Lass uns leben, so wollen wir deinen Namen anrufen.
Gott Zebaoth, tröste uns wieder;
lass leuchten dein Antlitz, so genesen wir.

Erscheine!
Der Morgen breche an!

Entzünde das Licht!
Erleuchte die Räume.
Spare die Keller nicht aus.
Die Schatten sollen fliehen.
Kerzen, Lampen, Fackeln, Feuer entfache.
Dass kein Winkel mehr dunkel sei!

3
Psalm 85,2-8
(3. Advent)

Herr, der du bist vormals gnädig gewesen deinem Lande
und hast erlöst die Gefangenen Jakobs;

Die Hände gebunden.
Der Mund sprachlos.
Blinde Augen, taube Ohren.
Um mich herum: Mauern.
Die Tore verschlossen.
Vor den Fenstern Bretter.
Ich sehe nichts, ich höre nichts.
Ich spüre nichts.
Ich liege gefangen.

Der du die Missetat vormals vergeben hast deinem Volk
und alle seine Sünde bedeckt hast;

Selbst verschuldet ist meine Gefangenschaft.
Mutlos wie ich bin.
Antriebslos.
Hoffnung wage ich nicht.
Ich ziehe mich verzagt zurück.
Den notwendigen Schritt tue ich nicht.

Lieber verharren.
Lieber frieren.
Lieber gefangen sein.
Als etwas wagen.

Der du vormals hast all deinen Zorn fahren lassen
und dich abgewandt von der Glut deines Zorns:

Hilf uns, Gott, unser Heiland,
und lass ab von deiner Ungnade über uns!

Sieh mich dennoch an, Gott.
Achte dennoch auf mich.
Auch wenn ich verzage.
Wenn mir der Mut fehlt.
Auch wenn ich dich von mir stoße.
Lass nicht ab von mir!

Willst du uns denn nicht wieder erquicken,
dass dein Volk sich über dich freuen kann?

Herr, erweise uns deine Gnade
und gib uns dein Heil!

Komm nah, Gott.
Komm näher.
Setz dich über meine Grenzen hinweg.
Brich in meine Gefangenschaft ein.
Reiß die Mauern nieder.
Auch wenn ich mich wehre.
Ich habe mich eingerichtet.
Hilf du mir, aufzubrechen.
Stelle mich in die Weite.

4
Psalm 102,13.14.16-18.20-23
(4. Advent)

Du aber, Herr, bleibst ewiglich
und dein Name für und für.

Du wollest dich aufmachen und über Zion erbarmen;
denn es ist Zeit, dass du ihm gnädig seist,
und die Stunde ist gekommen.

Es ist Zeit.
Höchste Zeit.
Fünf vor Zwölf.
Die Uhr tickt.
Keine Zeit mehr.
Fast zu spät.
Es kann nicht mehr warten.
Da gibt es kein Vertun mehr.
Jetzt, jetzt muss es sein.

Dass die Heiden den Namen des Herrn fürchten
und alle Könige auf Erden deine Herrlichkeit.

Ja, der Herr baut Zion wieder auf
und erscheint in seiner Herrlichkeit.

Die Wunden werden geheilt.
Das Gleichgewicht wird wiederhergestellt.
Das verloren Geglaubte kehrt wieder.
Was verletzt wurde, gesundet.
Wasser fließt in der Wüste.
Die Wälder wachsen wieder.

Das Eis bleibt.
Sonne, Regen, Sommer, Winter sind verlässlich.
Friedlich weidet das Kalb,
die Schlange schläft.
Und die Menschen wundern sich.
Erleichtert.

Er wendet sich zum Gebet der Verlassenen
und verschmäht ihr Gebet nicht.

Denn er schaut von seiner heiligen Höhe,
der Herr sieht vom Himmel auf die Erde.

Dass er das Seufzen der Gefangenen höre
und losmache die Kinder des Todes.

Du hast gehört.
Was wir überhörten.
Du hast uns Mut gemacht.
Dennoch.
Die wir entmutigt waren.
Es kann noch Zukunft werden.
Wir haben es nicht geglaubt.
Zu groß der Tod,
zu finster die Wolken,
zu laut das Lärmen,
zu still die Verzweiflung.
Du hast das Seufzen gehört.
Zu dem wir schon gar nicht mehr fähig waren.

Dass sie in Zion verkünden den Namen des Herrn
und sein Lob in Jerusalem,

wenn die Völker zusammenkommen
und die Königreiche, dem Herrn zu dienen.

Als Befreite.
Als Getröstete.
Als Lebendige.
Als dem Leben Wiedergewonnene.
Kommen wir zusammen.

Macht hoch. Erste Zeilen

Macht hoch die Tür, die Tor macht weit!
(gesungen – 1. Zeile von EG 1,1)

Gott, ich öffne mich für dich.
Der ich verschlossen war,
der ich mich zurückgezogen habe,
geradezu versteckt,
damit du meine Kreise nicht störst,
damit du mich nicht aufweckst
aus meiner gleichgültigen Zufriedenheit –
ich öffne mein Herz und alle Sinne für dich.
Zieh ein,
nimm Wohnung bei mir,
und bringe alles durcheinander, wenn du magst.
Sei mein Gast, mein Hausfreund,
und bleibe, solange du magst.

Macht hoch die Tür, die Tor macht weit!
(gesungen – 1. Zeile von EG 1,1)

Er ist gerecht, ein Helfer wert.
(gesungen – 1. Zeile von EG 1,2)

Gerecht sein und helfen,
das ist eins bei dir.
Deine Gerechtigkeit klagt nicht an,
sie urteilt nicht
und richtet nicht kalt und scharf.
Gerechtigkeit trägt das Gesicht der Liebe.
Deine Hilfe kommt nicht von oben herab,
du fragst mich, was ich brauche,
bevor du hilfst und heilst.
Deine Hilfe heißt Zuwendung.
Deine Gerechtigkeit bringt uns zurecht.

Er ist gerecht, ein Helfer wert.
(gesungen – 1. Zeile aus EG 1,2)

O wohl dem Land, o wohl der Stadt.
(gesungen – 1. Zeile aus EG 1,3)

Dort kommst du an:
in den Fluren und Wäldern,
auf den schmelzenden Gletschern und Schollen,
in den Wüsten und Einöden,
auf den zermürbten Felsen und Bergen,
in den belasteten Flüssen,
im vergifteten Meer.
Dort kommst du an:
in den Straßen und Gassen,
hinter verschlossenen Fenstern und Türen,
wo sich Müllberge türmen,
in den Glasfassaden und Hochhäusern,
bei den Heimat- und Obdachlosen,
in finsteren Kellern und Garagen.

Dort kommst du heilsam an,
dort bleibst du zu Hause.

O wohl dem Land, o wohl der Stadt.
(gesungen – 1. Zeile von EG 1,3)

Komm, o mein Heiland, Jesus Christ.
(gesungen – 1. Zeile von EG 1,5)

Komm, ja komm
und zögere nicht,
Stadt und Land, die warten schon lange,
und mächtig ist meine Sehnsucht,
dass du kommst
und zurecht bringst, was verkehrt ist,
dass du heilst, was verletzt ist,
dass du liebst, was allein ist.
Nichts und niemand ist verloren,
wenn du kommst,
heilsamer, gerechter, liebevoller Gott.
Nichts und niemand ist verloren,
weil du kommst.

Komm, o mein Heiland, Jesus Christ.
(gesungen – 1. Zeile von EG 1,5)

All unsre Not zu End er bringt. Fürbitte

Für die Geschlagenen,
die verletzt sind an Seele und Leib;
für die Missachteten,
die nicht gesehen, nicht gehört werden.
Dass ihnen gilt:

All unsre Not zu End er bringt,
derhalben jauchzt, mit Freuden singt:
Gelobet sei mein Gott!
(EG 2,2)

Für die Verängstigten,
die bedroht werden, die um ihr Leben fürchten;
für die Vertrieben,
die flüchten müssen vor Armut, Krieg und Tod.
Dass ihnen gilt:

All unsre Not zu End er bringt ...

Für die Hungernden,
denen das tägliche Brot, der Reis, der Mais fehlen;
für die Dürstenden,

die aus vergifteten Pfützen trinken,
deren Brunnen ausgetrocknet sind.
Dass ihnen gilt:

All unsre Not zu End er bringt ...

Für die Unglücklichen,
die an ihrer Trauer tragen, die untröstlich weinen;
für die Schwermütigen,
denen Hoffnung und Mut abhandengekommen sind.
Dass ihnen gilt:

All unsre Not zu End er bringt ...

Für die Gleichgültigen,
deren Herzen fühllos und erkaltet sind;
für die Alleingelassenen,
die ohne Freundinnen sind, nach denen keiner mehr sieht.
Dass ihnen gilt:

All unsre Not zu End er bringt ...

Für Frauen, Männer und Diverse,
die geachtet werden möchten,
für Junge und Alte,
die Aufmerksamkeit brauchen.
Dass ihnen gilt:

All unsre Not zu End er bringt ...

Advent

Gedichte

gib mir nur einen grund

darauf ich warten kann

einen grund
zum stehen für den weiten blick

einen grund
zum knien wenn der mut sinkt

einen grund
zum liegen ohne kraft

gib mir nur einen grund
und ich warte

einzug in jerusalem

die hände die ihm zuwinken
tragen krallen
ballen sich zur faust
die grüße vergiftet
ein krächzen
ächzen in den liedern

wie mäntel und kleider
legen sie ihn ab
auf dem weg
er wird stolpern und fallen
lallen sie die rufe
helfen ihm nicht auf

die törichten

warum als töricht gilt
wer spart

weil nur
verschenken
verschütten
verstreuen
das licht mehrt

weil nur
der helle glanz
geliebte anlockt

johannes der täufer

du nimmst
die abnahme an
wirst
im klein werden
groß

du stehst am fluss
und wartest
während er
über die straßen
zieht

irgendwo
werdet ihr euch
finden
auf ufer wegen
augen höhe

lobgesang des zacharias

auf besuch nur
gekommen um zu bleiben
wo kein bleiben ist

auf der suche nur
nach dem was keiner
finden will

eingetroffen dort wo
alles sehnen sein ziel
verfehlt

auf besuch nur
für ein paar immer mitten
in der zeit

johannes spricht

nach mir
    der kalte kerker
    das harte holz
    die sintflut
    die leere

vor mir
    die haltlose hoffnung
    der schneidende schrei
    das zittern
    das grab

du aber warst schon
    vor mir
als es mich nicht gab
du siehst
    nach mir

Weihnachten

Weihnachten

Gottesdienste, Predigten

Wo Gott zu finden ist. Gottesdienst zu Heiligabend

Orgelvorspiel

Votum – **Amen**

Begrüßung:
Bitte lassen Sie sich herzlich begrüßen zum Weihnachtsabend, zu dem Abend, den wir den »Heiligen« nennen, weil plötzlich alles so klar zu sein scheint. Gott kommt – haben wir gehofft im Advent. Gott ist da – sehen wir heute, am Heiligen Abend. Er ist da – aber wo ist er denn? Irgendein Stall in der Stadt Bethlehem, das ist keine sehr genaue Ortsangabe. Und: Wenn er dort ist, ist Gott dann auch bei uns? Wir werden es sehen ...

Lied: Zu Bethlehem geboren ... (EG 32,1-3)

Beten wir miteinander, mit Worten des Propheten Jesaja:

*Sprecher*in:*
Das Volk, das im Finstern wandelt,
die da wohnen im finstern Lande.

*Liturg*in:*
Wir sehen die Hand vor Augen nicht,
wir können den Weg vor den Füßen nicht finden.

> *Gemeinde:*
> Lass uns ein Licht aufgehen, Gott,
> mach es hell, um uns und in uns drinnen!

*Sprecher*in:*
Das Volk, das im Finstern wandelt – sieht ein großes Licht.
Über denen, die da wohnen im finstern Lande, scheint es hell.

*Liturg*in:*
Du enttäuschst unsere Hoffnung nicht,
du hörst unsere Sehnsucht!

> *Gemeinde:*
> Heute geht uns dein Licht auf,
> heute bricht dein Tag an.

*Sprecher*in:*
Denn uns ist ein Kind geboren,
ein Sohn ist uns gegeben.

*Liturg*in:*
Ein Kind, in Windeln gewickelt,
der Sohn der Maria, zur Nacht im Stall.

> *Gemeinde:*
> Ein unscheinbares Kind, ein Menschenkind ohne Glanz –
> ist unsere Hoffnung, unser Licht.

*Sprecher*in:*
Und die Herrschaft ruht auf seiner Schulter,
er heißt: Wunder-Rat, Gott-Held, Friede-Fürst.

*Liturg*in:*
Es ist nur eine kleine Schulter, darauf Gottes Macht ruht,
sie wird ein Kreuz tragen müssen.

> *Gemeinde:*
> Die Schulter, so klein und schwach wie die unseren,
> so bedürftig nach Frieden wie wir.

*Sprecher*in:*
Wunder-Rat, Gott-Held, Friede-Fürst,
auf dass seine Herrschaft groß werde und des Friedens kein Ende sei.

*Liturg*in:*
Der Kleine in der Krippe werde groß,
die Ruhe der stillen Nacht umspanne die Welt!

> *Gemeinde:*
> Der Anfang, den du nimmst, Gott, ist nicht groß,
> groß aber und endlos ist deine Liebe.

*Liturg*in:*
Wir feiern dich, Gott,
den mütterlichen, den väterlichen,
wir feiern dich, Gott,
der du Mensch wirst und an unserer Seite gehst.
Wir fern dich, Gott,
die du uns tröstest.

Gemeinde:
Wir feiern dich, jede Stunde und alle Zeit,
immer heute, immer jetzt.

*Liturg*in:*
Wir feiern dich mit dem Lobgesang der Engel in der Heiligen Nacht:

Ehre sei Gott in der Höhe …

Lied: Lobt Gott, ihr Christen alle gleich … (EG 27,1-3.6)

*Sprecher*in 1:*
Hören wir auf die Geschichte von der Geburt Jesu, wie Lukas sie erzählt:

(Zwischen der Lesung werden Strophen des Gospels »Go tell it on the Mountain« gesungen, wenn möglich von einem Chor oder Gospelchor; denkbar auch als instrumentale Intermezzi. Während der Lesungen spielt die Orgel im Hintergrund sehr leise die Melodie des Liedes.

Ein Chorsatz für »Go tell it on the Mountain« für Chor a capella findet sich bei: Traugott Fünfgeld, King of Kings Band 1, Strube Verlag München VS 1996. Eine Bearbeitung für Orgel bei: Traugott Fünfgeld, Orgeltöne, Strube Verlag München, Notenausgabe VS 3597, CD VS 3597CD.

Von diesem Gospelsong gibt es etliche Textvarianten. Ich zitiere hier – exemplarisch – die Strophen aus der traditionellen Version, die sich unter www.lieder-archiv.de findet.)

*Sprecher*in 1:*
Es begab sich aber zu der Zeit, dass ein Gebot von dem Kaiser Augustus ausging, dass alle Welt geschätzt würde. Und diese Schätzung war die allererste und geschah zur Zeit, da Quirinius Statthalter in Syrien war. Und jedermann ging, dass er sich schätzen ließe, ein jeglicher in seine Stadt.

*Sprecher*in 2:*
Da machte sich auf auch Josef aus Galiläa, aus der Stadt Nazareth, in das judäische Land zur Stadt Davids, die da heißt Bethlehem, darum dass er von dem Hause und Geschlechte Davids war, auf dass er sich schätzen ließe mit Maria, seinem vertrauten Weibe; die war schwanger.

(Go tell it ... 3. Strophe)
Down in a lowly manger
Our humble Christ was born
And God send us salvation
That blessed Christmas morn:
Go tell it on the Mountain,
over the hills and everywhere;
Go tell it on the Mountain
That Jesus Christ is born.

*Sprecher*in 1:*
Und als sie daselbst waren, kam die Zeit, dass sie gebären sollte. Und sie gebar ihren ersten Sohn und wickelte ihn in Windeln und legte ihn in eine Krippe; denn sie hatten sonst keinen Raum in der Herberge.

*Sprecher*in 2*
Und es waren Hirten in derselben Gegend auf dem Felde bei den Hürden, die hüteten des Nachts ihre Herde.

(Go tell it ... Strophen 1 und 2)
While shepherds kept their watching
Over silent flocks by night,
behold throughout the heavens,
there schone a holy light:
Go tell it on the mountain ...

The shepherds feared and trembled
Whon lo! above the earth
Rang out the angel chorus
That haild our Savior's birth:
Go tell it on the mountain ...

*Sprecher*in 1:*
Und des Herrn Engel trat zu ihnen, und die Klarheit des Herrn leuchtete um sie.

*Sprecher*in 2:*
Und sie fürchteten sich sehr.
Und der Engel sprach zu ihnen:

*Sprecher*in 3:*
Fürchtet euch nicht! Siehe, ich verkündige euch große Freude, die allem Volk widerfahren wird; denn euch ist heute der Heiland geboren, welcher ist Christus, der Herr, in der Stadt Davids.
Und das habt zum Zeichen: Ihr werdet finden das Kind in Windeln gewickelt und in einer Krippe liegen.

*Sprecher*in 1:*
Und alsbald war da bei dem Engel die Menge der himmlischen Heerscharen, die lobten Gott und sprachen:

*Sprecher*in 3:*
Ehre sei Gott in der Höhe und Friede auf Erden und den Menschen ein Wohlgefallen.

(Go tell it ... nur Refrain)
Go tell it on the Mountain,
over the hills and everywhere;
Go, tell it on the Mountain
That Jesus Christ is born.

*Sprecher*in 1:*

Und da die Engel von ihnen gen Himmel fuhren, sprachen die Hirten untereinander:

*Sprecher*in 3:*

Lasst uns nun gehen gen Bethlehem und die Geschichte sehen, die da geschehen ist, die uns der Herr kundgetan hat.

*Sprecher*in 2:*

Und sie kamen eilend und fanden beide, Maria und Josef, dazu das Kind in der Krippe liegen.

(Go tell it ... Strophe 4)

When I am a seeker,
I seek both night and day;
I seek the Lord to help me,
And he shows me the way:
Go tell it on the Mountain ...

*Sprecher*in 1:*

Da sie es aber gesehen hatten, breiteten sie das Wort aus, welches zu ihnen von diesem Kinde gesagt war. Und alle, vor die es kam, wunderten sich über die Rede, die ihnen die Hirten gesagt hatten.

*Sprecher*in 2:*

Maria aber behielt alle diese Worte und bewegte sie in ihrem Herzen.

*Sprecher*in 1:*

Und die Hirten kehrten wieder um, priesen und lobten Gott für alles, was sie gehört und gesehen hatten, wie denn zu ihnen gesagt war.

(Go tell it ... nur Refrain)

Go tell it on the Mountain,
over the hills and everywhere;
Go, tell it on the Mountain
That Jesus Christ is born.

Lied: Vom Himmel kam der Engel Schar ... (EG 25,1-3, nach Melodie EG 24)

Wo Gott zu finden ist
Krippenspiel für Erwachsene

*(Fünf Personen als »Hirt*innen« tragen jeweils eine Art Fell um die Schulter; ein »Verkündigungsengel«, ohne Flügel, eine Kerze oder Lampe in der Hand; ein*e Erzähler*in. Alle stehen im Altarraum, die »Hirt*innen« als Gruppe, der »Engel« ihnen gegenüber. Je nach technischen Möglichkeiten spricht er/sie von der Empore oder aus dem hinteren Teil des Gottesdienstraumes. Das Setting ist einfach gewählt, ohne besondere Kostüme und Requisiten: Es wird – im Brecht'schen Sinne – die wohlbekannte Geschichte »verfremdet«.)*

*Erzähler*in:*
Leute, ihr stellt euch das so einfach vor! Meint ihr wirklich, das wäre alles wie am Schnürchen gegangen? Stimmt schon: Lukas erzählt das so. Der Engel verkündet, die Heerscharen stimmen ihr Liedchen an, die Hirten lauschen, sind reichlich erstaunt – und los geht die Sause: »Lasst uns gehen nach Bethlehem!« schlägt einer vor – und »sie kamen eilend«.
Klar, sie werden die Beine unter die Arme genommen haben, Hirten gelten als neugierige Leute. Und selbst wenn sie nicht begriffen haben, was der Engel von ihnen will, mal gucken und etwas Anteil nehmen an einer offensichtlich himmlischen Sensation – das geht immer.

Aber mal ehrlich, woher sollen sie denn wissen, wo sie »Maria und Josef, dazu das Kind in der Krippe« finden?

*Hirt*in 1:*
Also los jetzt, los! Die Engel haben sich schon davongemacht; jetzt müssen wir mal schauen, was da passiert ist.

*Hirt*in 2:*
Klar – so klar wie die »Klarheit des Herrn«, die uns gerade ordentlich verwirrt hat; fast wären wir abgehauen.

Engel:
Ja, ja. Seid ihr aber nicht.

*Hirt*in 3:*
Dazu sind wir zu neugierig. Kommt ja auch nicht alle Tage vor, dass uns ein Engel besucht und in Rätseln spricht.

*Hirt*in 4:*
Nicht, dass wir's nicht gerne gehört hätten. Immerhin: Du hast wohl wirklich uns gemeint. Es ist kein Zufall, dass du mit deinem ganzen Chor ausgerechnet bei uns erscheinst – »über uns«, um korrekt zu sein. Wo sind die eigentlich alle so plötzlich hin?

Engel:
Die machen mal etwas Pause, haben noch ein ganz schönes Programm vor sich, mit Pauken und Trompeten und himmlischem Chorgesang. Und in ein paar Tagen kommen auch noch ein paar Weitgereiste dazu.

*Hirt*in 5:*
Aha. Na, wie auch immer. Jetzt sind erst mal wir dran. Kommt, wir machen uns auf den Weg. Am besten »eilend«, wie es später heißen wird. Wir müssen der Geschichte ja gerecht werden.

*Hirt*in 2:*
Ja, auf geht's! Aber – ähm – wohin denn? Das wüsste ich gerne, bevor wir »eilend« *(betont ironisch)* loslaufen.

*Erzähler*in:*
Da wird der freundliche Engel doch schon etwas ungeduldig und zieht ein Gesicht. Ich meine: Das hat er ihnen doch schon gesagt.

Engel:
Ich meine, das hätte ich euch doch schon gesagt.

*Hirt*in 3 (entschuldigend):*
Ja, naja, aber in der Hitze der Verkündigung, da geht so was schon mal unter. Kommt ja nicht alle Tage vor ...

Engel (in etwas ärgerlichem Ton, leiernd):
»Euch ist heute der Heiland geboren, in der Stadt Davids. Und das habt zum Zeichen: Ihr werdet findet das Kind in Windeln gewickelt und in einer Krippe liegen.«
(nach kurzer Pause)
Klar jetzt?

*Hirt*in 5:*
Alles klar! Danke!
(nach kurzem Zögern)
Nur, kurz: »Stadt Davids« – das war noch mal?

Engel (ärgerlich):
Betlehem!

*Hirt*in 1:*
Jetzt aber los, Menschenskind! Was steht ihr da noch rum?

*Hirt*in 2:*
Also Bethlehem, das hab ich verstanden! Aber, tja: Wo genau denn in Bethlehem? Ich mein, das ist ja ne richtige Stadt ... und ich bin nicht so der Stadtmensch, mehr so im ländlichen Raum unterwegs, wenn ihr versteht, was ich meine.

*Hirt*in 3:*
Ich weiß auch nicht so genau; da gibt's schon viele Möglichkeiten, wo der Heiland geboren sein könnte. Finde ich. Vielleicht könnte der Herr Engel (oder die Frau Engel) uns ...

Engel:
Nee, nee, nee! Ich sag jetzt gar nichts mehr. Ich bin fürs Verkündigen guter Botschaften zuständig – und kein Pfadfinderengel. Jetzt schaut halt mal selbst!

*Hirt*in 5:*
Jetzt – schauen wir halt mal selbst. Auf geht's! Genug geredet.

*Hirt*in 4:*
Gut! Aber einen Vorschlag hätte ich noch!

*Erzähler*in:*
Wir dürfen gespannt sein, was dieser Hirte, der offensichtlich mitdenkt, vorzuschlagen hat.

*Hirt*in 1:*
Sag schon!

*Hirt*in 4:*
Stimmt ja, Bethlehem ist eine richtige Stadt.
Wir wäre es, wenn wir uns bei der Suche etwas aufteilen? So, wie wir's machen, wenn ein Schaf verloren geht. Und wer's gefunden hat, der trägt es nach Hause und lädt zum Fest ein.

*Erzähler*in:*
Aber das ist eine andere Geschichte.

*Hirt*in 4:*
Machen wir es so: Wir suchen an unterschiedlichen Orten. Wo wir so ein Heilandskind halt vermuten, wo er geboren sein könnte. Und in einer Stunde treffen wir uns hier wieder. Und dem, der ihn gefunden hat, dem folgen wir dann. In Ordnung?

*Hirt*in 2:*
Machen wir es so! Ich suche ihn im Palast des Statthalters.

*Hirt*in 5:*
Machen wir es so! Ich suche ihn auf dem Marktplatz.

*Hirt*in 1:*
Machen wir es so! Ich suche ihn im Gotteshaus.

*Hirt*in 3:*
Machen wir es so! Ich suche ihn in der Schule!

*Hirt*in 4:*
Machen wir es so! Ich suche ihn im Museum.

Engel:
Sapperlot, dann macht es auch endlich so!

*(Die Hirt*innen laufen auseinander, gehen »eilend« in fünf Ecken des Gottesdienstraumes, schauen geflissentlich nach: unter dem Schriftentisch, unter einer Kirchenbank o.ä., vielleicht wird eine Tür suchend geöffnet oder hinter die Orgel und den Altar gespäht, auf der Kanzel nachgesehen – je nach den örtlichen Gegebenheiten. Es können auch Gottesdienstteilnehmende angesprochen werden: »Entschuldigung, wissen Sie zufällig, wo der Heiland geboren wurde?«*

*Nach einer kurzen, hektischen Suche – zwei bis drei Minuten etwa – kehren die Hirt*innen zum Altar zurück, natürlich unverrichteter Dinge.)*

*Hirt*in 2:*
Leute, ich hab ihn nicht gefunden. Im Palast des Statthalters ist er nicht, da haben sie bloß gelacht. »Hier wird geherrscht, nicht geboren«, haben sie mir hinterhergerufen.

*Hirt*in 5:*
Auf dem Marktplatz hat keiner was von einer Geburt gehört. Die waren zu sehr mit Geldzählen beschäftigt und feilschten um Preise.

*Hirt*in 1:*
Im Gotteshaus stand keine Krippe und lag kein Kind. Es war sehr dunkel dort und der Priester hat mich angeschaut, als wäre ich verrückt. Ich sollte mal lieber eine Kerze anzünden und beten, meinte der noch.

*Hirt*in 3:*
In der Schule haben sie sehr gebildet getan – und fanden die Geburt eines Kindes bei ihnen recht lächerlich. Das solle kommen, wenn es schulreif und bildungsfähig sei.

*Hirt*in 4:*
Ich hab ihn nicht entdeckt. Im Museum, hinter den alten Büchern und den großen Bildern lag vor allem: Staub. Die Geburt des Heilands – interessierte sie einfach nicht.

*Hirt*in 3:*
Sagt mal, meint ihr, das stimmt überhaupt, was der Engel uns da erzählt hat? Wenn die Mächtigen nichts wissen davon, wenn die Gebildeten, wenn die Reichen keinen Heller draufgeben, wenn die Frommen sich nicht drum scheren, die Gebildeten die Nase rümp-

fen und es die Historiker nicht interessiert … Ist das dann überhaupt wahr?

Engel (mit Nachdruck):
Natürlich ist es wahr! Ich habe mir das nicht ausgedacht. Das ist Gottes Botschaft – ich richte sie nur aus.
Aber ihr – ihr habt nichts begriffen!

*Hirt*in 1:*
Ja, Menschenskind oder Engelskind oder was auch immer: Dann sag uns doch, wo wir ihn finden! Wo sollen wir suchen, wenn nicht in Palästen, Schulen, Gotteshäusern? Wo?

*Erzähler*in:*
Ja: Wo? Das ist eine sehr gute Frage. Die Hirt*innen haben ihn am Ende ja gefunden, irgendwo in Bethlehem, das Kind in der Krippe, sonst wäre die Geschichte nicht so erzählt worden.
Wo haben sie ihn gefunden – und wo würden wir ihn denn suchen?

*(Nach dieser Frage, an die Gottesdienstbesucher*innen gerichtet, gehen alle ab.)*

Lied: Fröhlich soll mein Herze springen … (EG 36,1.2.5)

Gott finden
Ansprache

Es ist wohl leichter zu sagen, wo er nicht zu finden ist, als wo ich ihn finden kann, liebe Weihnachtsgemeinde. So scheint's zu sein, wenn ich dem kleinen Krippenspiel recht gebe. Die guten Hirten, Leute, die sich nicht an der Nase herumführen lassen und die ein offenes Wort schätzen – die Hirten jedenfalls fanden ihn nicht. Klar: Weil sie an den falschen Orten suchten.

Nicht dort, wo es etwas gilt in der Welt, und nicht dort, wo die sind, die etwas gelten in der Welt, nicht dort ist Jesus geboren.

In der Schule nicht, wo es Gehorsam und Gelehrigkeit braucht, wo Vernunft und Wissen etwas bedeuten. Im Palast nicht, wo die Macht sich's gemütlich macht und die Willkür ihr Zuhause hat. Nicht auf dem Marktplatz, wo's ums liebe Geld und den schnöden Profit geht. Im Museum nicht, das für die gute alte Tradition, das Vergangene steht und das fürs Neue meist nicht zur Verfügung steht – und in der Kirche schließlich auch nicht, die die althergebrachten Gottesbilder, die feinen Liturgien bewahrt. All das sind Orte, die es auch braucht, und ich hoffe sehr, dass auch sie nicht einfach gottlos sind. Aber es sind eben einfach nicht die Orte, in die Gott zuallererst eingekehrt ist.

Das war ein Stall. Anders als die Hirten wissen wir das. Jedoch: Anders als die Hirten haben wir uns daran gewöhnt. Der Stall ist verziert worden, mit Lichtlein, Farben, Holzfiguren ausgestattet steht er in den Stuben und spricht er nicht mehr. Der Stall ist zum Utensil geworden, das im Rest des Jahres im Keller oder auf dem Dachboden überdauert, bis er vorweihnachtlich oder weihnachtlich wieder zur Zierde werden darf. Für die Hirten war ein Stall ein Arbeitsplatz, kein sonderlich sauberer, und da roch es nach Stroh und Kot. Das ist nicht idyllisch. Im Stall werden sie fast täglich gewesen sein, wenn sie nicht gerade bei den Hürden schliefen. Ein Stall: ungemütlich, nützlich, nichts Besonderes – für die Hirten.

Für Gott aber schon. Denn Gott will Mensch werden. Und damit fängt er klein an. Er wird Mensch – doch nicht von oben nach unten. Er lenkt nicht, vom Thron im Palast aus, die Menschengeschicke. Er investiert nicht an der Börse und spendet dann wohltätig von seinem Reichtum. Er ist nicht über die Maßen gebildet und gelehrt und kennt der Weisheit letzten Schluss. Er wird nicht zum spirituellen Führer, vor dem die frommen Schäfchen die Knie beugen. Und er bewahrt nicht museal die überkommenen Richtigkeiten, an denen keiner rütteln soll.

Nein, Gott wird Mensch, von unten, von ganz unten her. Vom Stall her, als Säugling, der keine Macht hat, nichts weiß, noch nicht beten kann, der den Wert des Goldes nicht kennt. Von unten, das heißt aber: näher an uns Menschen, als irgendwer von den Großen, Gelehrten, Gewinnern es je sein kann. Im Stall geboren, das heißt aber: in all unseren Ställen. Gott ist, wo uns Stallgeruch anhaftet, wo wir verletzlich sind und arm und kleingemacht, wo wir ratlos bleiben und wo der Zweifel unser Gottvertrauen schon längst verjagt hat. Dort will Gott Mensch werden und zu Hause sein, wo wir das Menschsein erleiden und wo wir heimatlos sind, ohne Raum in der Herberge.

Will ich Gott finden, dann schau ich am besten nicht nach oben und nicht dorthin, wo es glitzert und brilliert, dann schau ich in Ställe und Höhlen, in dürftige Zelte, dann suche ich ihn, wo alles Menschsein in Frage steht und arm dran ist. Denn dort will er sein, damit aus Dunkelheit Licht, aus Elend Würde, aus Gefahr Frieden werde.

Aber: Ich muss ihn nicht suchen, um ihn zu finden. Er ist immer schon da. Er ist schon Mensch geworden, uns Menschen zugute. Damals, im Stall in Bethlehem, und heute, jeden Tag. Nicht nur an heiligen Abenden, jeden Morgen neu.

Amen

Lied: Kommet, ihr Hirten … (EG 48,1-3)

*Liturg*in:*
Bitte beten Sie mit uns.

(Zwischen den Bitten des Gebetes antwortet die Gemeinde mit dem Zwischengesang:)
Dies ist die Nacht, da mir erschienen
des großen Gottes Freundlichkeit,

das Kind, dem alle Engel dienen,
bringt Licht in meine Dunkelheit.
(EG 40,1 – erste zwei Zeilen)

*Liturg*in:*
Weil du dich finden lässt, Gott,
weil du Wohnung genommen hast bei uns,
sind wir hier mit dem, was uns auf den Herzen liegt:

*Hirt*in 1:*
Gott, Freund und Bruder der Menschen:
Kriege erschüttern unsere Welt,
Menschen werden zu Opfern und Tätern,
die Gewalt scheint kein Ende zu finden.
Schaffe Frieden, wir vertrauen darauf:

Dies ist die Nacht …

*Hirt*in 2:*
Gott, Freund und Bruder der Schöpfung:
Deine Geschöpfe leiden,
und wir bleiben ratlos oder gleichgültig,
Bewahre deine Schöpfung, wir vertrauen darauf:

Dies ist die Nacht …

*Hirt*in 3:*
Gott, Freund und Bruder der Einsamen:
Auch heute bleiben Menschen allein,
einsam, krank, dem Tode nah.
Tritt ihnen zur Seite, wir vertrauen darauf:

Dies ist die Nacht …

*Hirt*in 4:*
Gott, Freund und Bruder der Liebenden:
Menschen schließen sich in die Arme,
immer wieder gelingt Versöhnung.
Lehre uns zu lieben, wir vertrauen darauf:

Dies ist die Nacht …

*Hirt*in 5:*
Gott, Freund und Bruder derer, die dich suchen:
Kirchen und Religionen liegen im Streit,
schwer ist es, zu hören und zu verstehen.
Lehre uns, einander zu achten, wir vertrauen darauf:

Dies ist die Nacht …

Engel:
Gott, Freund und Bruder der Verletzten:
Missachtung und Vorurteil schlagen Wunden,
Menschen werden ihrer Würde beraubt.
Tritt den Geschmähten zur Seite, wir vertrauen darauf:

Dies ist die Nacht …

Gott, du unser Freund und Bruder,
in der Stille sagen wir dir,
was uns persönlich bedrängt und bewegt:
…
(Gebetsstille)

Du hast Wohnung genommen bei uns, wir vertrauen darauf:

Dies ist die Nacht …

*Liturg*in:*
Beten wir miteinander, wie Jesus,
der heute geboren wurde, der uns zum Freund wurde,
gebetet hat:
Vaterunser

Und der Friede Gottes, von dem die Engel singen,
der größer ist als Hütten und Paläste,
als Himmel und Erde,
der bewahre eure Herzen und Sinne
in Jesus, dem Gott, der Mensch geworden ist,
uns Menschen zugute.

Gehen wir in diese Heilige Nacht im Segen und im Frieden Gottes:

Jauchzet, ihr Himmel, frohlocket, ihr Engel in Chören,
singet dem Herren, dem Heiland der Menschen zu Ehren!
Sehet doch da: Gott will so freundlich und nah
zu den Verlornen sich kehren.
(gesprochen – EG 41,1)

So segnet und behütet dich Gott,
der Liebevolle und Lebendige,
der Vater, Sohn und Heiliger Geist.

Amen, Amen, Amen

Lied: Stille Nacht … (EG 46,1-3)

Orgelnachspiel zum Auszug

Was kann dies für eine Nacht sein? Literarischer Gottesdienst zum Christfest, mit: Selma Lagerlöf, Die heilige Nacht

Orgelvorspiel

Votum – **Amen**

Begrüßung:
Einen guten Morgen, einen gesegneten Feiertag wünsche ich Ihnen nach der Heiligen Nacht. Viele von Ihnen werden sie gefeiert haben, mit Familie und Freunden – aber warum eigentlich? Aus Tradition, als Gelegenheit, die Vertrauten und Bekannten wieder einmal zu sehen? Aus Gewohnheit – was soll ich sonst tun, am Heiligen Abend? Alle haben was vor und das Fernsehprogramm ist unsäglich schlecht. Welche besondere Bewandtnis hat es mit dieser Nacht, dass wie sie feiern sollten?

Da hören wir heute einmal hin; wir hören auf Selma Lagerlöf und eine ihrer Weihnachtslegenden. Erstaunlich ist diese Nacht!

Lied: Dies ist die Nacht, da mir erschienen ... (EG 40,1-3)

Beten wir miteinander, mit Zeilen nach dem Psalm, der zum Christfest gehört und der uns zum Feiern einlädt, dem 96. Psalm:

*Liturg*in:*
Singet unserem Gott ein neues Lied;
singet unserem Gott, alle, die er geschaffen hat!

> *Gemeinde:*
> Singt unserem Gott und lobet seinen Namen,
> verkündet von Tag zu Tag, wie gut er es mit uns meint!

*Sprecher*in:*
Fröhlich soll mein Herze springen
dieser Zeit, da vor Freud, alle Engel singen.
Hört, hört, wie mit vollen Chören
alle Luft laute ruft:
Christus ist geboren.
(EG 36,1)

*Liturg*in:*
Erzählt aller Welt von seiner Schönheit,
nah und fern sprecht von dem Wunderbaren, das er tut!

> *Gemeinde:*
> Denn unser Gott ist groß und weit und tief und nah,
> er ist erstaunlich und niemand kommt ihm gleich.

*Sprecher*in:*
Euch ist ein Kindlein heut geborn
von einer Jungfrau auserkorn,
ein Kindelein so zart und fein,
das soll eu'r Freud und Wonne sein.
(EG 24,2)

*Liturg*in:*
Sagt allen Menschen: Gott gehört alle Welt.
Er hat den Erdkreis gegründet, dass er nicht vergeht.

> *Gemeinde:*
> Er bringt die Schöpfung zurecht.
> Der Himmel soll sich freuen und die Erde soll fröhlich sein.

*Sprecher*in:*
Freu dich, Erd und Sternenzelt, Halleluja;
Gottes Sohn kam in die Welt, Halleluja.
Uns zum Heil erkoren,
war er heut geboren, heute uns geboren.
(EG 47,1)

*Liturg*in:*
Das Meer brause und was darinnen ist;
das Feld blühe auf, und alles, was darauf ist, lache;

> *Gemeinde:*
> Jauchzen sollen alle Bäume im Walde
> vor unserem Gott: Denn er kommt.

*Sprecher*in:*
Dies ist der Tag, den Gott gemacht,
sein wird in aller Welt gedacht,
ihn preiset, was durch Jesus Christ
im Himmel und auf Erden ist.
(EG 42,1)

*Liturg*in:*
Denn er kommt, die Erde zurechtzubringen.
Er wird die Erde zurechtbringen und gerecht sein.
Er wird alle Menschen zurechtbringen und wahrhaftig sein.

Gemeinde:
Ehre sei Gott, der mütterlichen, dem väterlichen.
Ehre sei Gott, der an unserer Seite geht.
Ehre sei Gott, die uns tröstet.

*Liturg*in:*
So war es von alters her und so wird es sein alle Zeit
und immer heute, immer jetzt. Amen

*Sprecher*in:*
Heut schließt er wieder auf die Tür
zum schönen Paradeis.
Der Cherub steht nicht mehr dafür,
Gott sei Lob, Ehr und Preis,
Gott sei Lob, Ehr und Preis.
(EG 27,6)

Lied: Lobt Gott, ihr Christen, alle gleich ... (EG 27,1)

In Jochen Kleppers (1903-1942) Weihnachtslied, geschrieben und gesungen in dunkelster Zeit, heißt es:

*Sprecher*in 1:*
Die Nacht ist vorgedrungen,
der Tag ist nicht mehr fern.
So sei nun Lob gesungen
dem hellen Morgenstern!

*Sprecher*in 2:*
Auch wer zur Nacht geweinet,
der stimme froh mit ein.

*Sprecher*in 1:*
Der Morgenstern bescheinet
auch deine Angst und Pein.

> *Sprecher*in 1:*
> Die Nacht ist schon im Schwinden.
>
> *Sprecher*in 2:*
> Macht euch zum Stalle auf!
>
> *Sprecher*in 1:*
> Ihr sollt das Heil dort finden,
> das aller Zeiten Lauf
> von Anfang an verkündet,
> seit eure Schuld geschah.
>
> *Sprecher*in 2:*
> Nun hat sich euch verbündet,
> den Gott selbst ausersah.

*Sprecher*in 1:*
Noch manche Nacht wird fallen
auf Menschenleid und -schuld.

*Sprecher*in 2:*
Doch wandert nun mit allen
der Stern der Gotteshuld.

*Sprecher*in 1:*
Beglänzt von seinem Lichte,

*Sprecher*in 2:*
hält euch kein Dunkel mehr.

*Sprecher*in 1:*
Von Gottes Angesichte

*Sprecher*in 2:*
kam euch die Rettung her.

Intermezzo (instrumental) – Melodie: Die Nacht ist vorgedrungen … (EG 16)

Selma Lagerlöf, Die heilige Nacht

Es war an einem Weihnachtstag, alle waren zur Kirche gefahren, außer Großmutter und mir. Ich glaube, wir beide waren im ganzen Hause allein. Wir hatten nicht mitfahren können, weil die eine zu jung und die andere zu alt war. Und alle beide waren wir betrübt, dass wir nicht zum Mettegesang fahren und die Weihnachtslichter sehen konnten. Aber wie wir so in unserer Einsamkeit saßen, fing Großmutter zu erzählen an.

»Es war einmal ein Mann«, sagte sie, »der in die dunkle Nacht hinausging, um sich Feuer zu leihen. Er ging von Haus zu Haus und klopfte an. ›Ihr lieben Leute, helft mir!‹, sagte er. ›Mein Weib hat eben ein Kindlein geboren, und ich muss Feuer anzünden, um sie und den Kleinen zu erwärmen.‹ Aber es war tiefe Nacht, so dass alle Menschen schliefen, und niemand antwortete ihm.

Der Mann ging und ging. Endlich erblickte er in weiter Ferne einen Feuerschein. Da wanderte er dieser Richtung zu und sah, dass das Feuer im Freien brannte. Eine Menge weiße Schafe lagen rings um das Feuer und schliefen, und ein alter Hirt wachte über die Herde. Als der Mann, der Feuer leihen wollte, zu den Schafen kam, sah er, dass drei große Hunde zu Füßen des Hirten ruhten und schliefen. Sie erwachten alle drei bei seinem Kommen und sperrten ihre weiten Rachen auf, als ob sie bellen wollten, aber man vernahm kein Laut. Der Mann sah, dass sich die Haare auf ihrem Rücken sträubten, er sah, wie ihre scharfen Zähne funkelnd weiß im Feuerschein leuchteten und wie sie auf ihn los-

stürzten. Er fühlte, dass einer von ihnen nach seinen Beinen schnappte und einer nach seiner Hand, und dass einer sich an seine Kehle hängte. Aber die Kinnladen und die Zähne, mit denen die Hunde beißen wollten, gehorchten ihnen nicht, und der Mann litt nicht den kleinsten Schaden.

Nun wollte der Mann weitergehen, um das zu finden, was er brauchte. Aber die Schafe lagen so dicht nebeneinander, Rücken an Rücken, dass er nicht vorwärtskommen konnte. Da stieg der Mann auf die Rücken der Tiere und wanderte über sie hin dem Feuer zu. Und keins von den Tieren wachte auf oder regte sich.«

So weit hatte Großmutter ungestört erzählen können, aber nun konnte ich es nicht lassen, sie zu unterbrechen. »Warum regten sie sich nicht, Großmutter?«, fragte ich. »Das wirst du nach einem Weilchen schon erfahren«, sagte Großmutter und fuhr mit ihrer Geschichte fort.

»Als der Mann fast beim Feuer angelangt war, sah der Hirt auf. Es war ein alter, mürrischer Mann, der unwirsch und hart gegen alle Menschen war. Und als er einen Fremden kommen sah, griff er nach einem langen, spitzigen Stabe, den er in der Hand zu halten pflegte, wenn er seine Herde hütete, und warf ihn nach ihm. Und der Stab fuhr zischend gerade auf den Mann los, aber ehe er ihn traf, wich er zur Seite und sauste an ihm vorbei weit über das Feld.«

Als Großmutter so weit gekommen war, unterbrach ich sie abermals. »Großmutter, warum wollte der Stock den Mann nicht schlagen?« Aber Großmutter ließ es sich nicht einfallen, mir zu antworten, sondern fuhr mit ihrer Erzählung fort.

»Nun kam der Mann zu dem Hirten und sagte zu ihm: ›Guter Freund, hilf mir und leih mir ein wenig Feuer. Mein Weib hat eben ein Kindlein geboren, und ich muss Feuer machen, um sie und den Kleinen zu erwärmen.‹ Der Hirt hätte am liebsten nein gesagt, aber als er daran dachte, dass die Hunde dem Manne nicht hatten schaden können, dass die Schafe nicht vor ihm davongelaufen waren und dass sein Stab ihn nicht fällen wollte, da wurde ihm ein wenig bange, und er wagte es nicht, dem Fremden das *abzuschlagen, was er begehrte. ›Nimm, soviel du brauchst‹, sagte er zu dem Manne.*

Aber das Feuer war beinahe ausgebrannt. Es waren keine Scheite und keine Zweige mehr übrig, sondern nur ein großer Gluthaufen, und der Fremde hatte weder Schaufel noch Eimer, worin er die roten Kohlen hätte tragen können.

Als der Hirt dies sah, sagte er abermals: ›Nimm, soviel du brauchst!‹ Und er freute sich, dass der Mann kein Feuer wegtragen konnte. Aber der Mann beugte sich hinunter, holte die Kohlen mit bloßen Händen aus der Asche und legte sie in seinen Mantel. Und weder versengten die Kohlen seine Hände, als er sie berührte, noch versengten sie seinen Mantel, sondern der Mann trug sie fort, als wenn es Nüsse oder Äpfel gewesen wären.«

Aber hier wurde die Märchenerzählerin zum dritten Mal unterbrochen.

»Großmutter, warum wollte die Kohle den Mann nicht brennen?«

»Das wirst du schon hören«, sagte Großmutter, und dann erzählte sie weiter.

»Als dieser Hirt, der ein so böser, mürrischer Mann war, dies alles sah, begann er, sich bei sich selbst zu wundern: ›Was kann dies für eine Nacht sein, wo die Hunde die Schafe nicht beißen, die Schafe nicht erschrecken, die Lanze nicht tötet und das Feuer nicht brennt?‹ Er rief den Fremden zurück und sagte zu ihm: ›Was ist dies für eine Nacht? Und woher kommt es, dass alle Dinge dir Barmherzigkeit zeigen?‹

Da sagte der Mann: ›Ich kann es dir nicht sagen, wenn du selber es nicht siehst.‹ Und er wollte seiner Wege gehen, um bald ein Feuer anzünden und Weib und Kind wärmen zu können. Aber da dachte der Hirt, er wolle dem Mann nicht ganz aus dem Gesicht verlieren, bevor er erfahren hätte, was dies alles bedeutete. Er stand auf und ging ihm nach, bis er dorthin kam, wo der Fremde daheim war.

Da sah der Hirt, dass der Mann nicht einmal eine Hütte hatte, um darin zu wohnen, sondern er hatte sein Weib und sein Kind in einer Berggrotte liegen, wo es nichts gab als nackte, kalte Steinwände.

Aber der Hirt dachte, dass das arme, unschuldige Kindlein vielleicht dort in der Grotte erfrieren würde, und obgleich er ein harter Mann war, wurde er davon doch ergriffen und beschloss, dem Kinde zu helfen. Und er löste sein Ränzel von der Schulter und nahm daraus ein weiches, weißes Schaffell hervor. Das gab er dem fremden Mann und sagte, er möge das Kind darauf betten.

Aber in demselben Augenblick, in dem er zeigte, dass auch er barmherzig sein konnte, wurden ihm die Augen geöffnet, und er sah, was er vorher nicht hatte sehen können, und hörte, was er vorher nicht hatte hören können.

Er sah, dass rund um ihn ein dichter Kreis von kleinen, silberbeflügelten Englein stand. Und jedes von ihnen hielt ein Saitenspiel in der Hand, und alle sangen sie mit lauter Stimme, dass in dieser Nacht der Heiland geboren wäre, der die Welt von ihren Sünden erlösen solle.

Da begriff er, warum in dieser Nacht alle Dinge so froh waren, dass sie niemand etwas zuleide tun wollten.

Und nicht nur rings um den Hirten waren Engel, sondern er sah sie überall. Sie saßen in der Grotte, und sie saßen auf dem Berge, und sie flogen unter dem Himmel. Sie kamen in großen Scharen über den Weg gegangen, und wie sie vorbeikamen, blieben sie stehen und warfen einen Blick auf das Kind.

Es herrschte eitel Jubel und Freude und Singen und Spiel, und das alles sah er in der dunklen Nacht, in der er früher nichts zu gewahren vermocht hatte. Und er wurde so froh, dass seine Augen geöffnet waren, dass er auf die Knie fiel und Gott dankte.«

Aber als Großmutter so weit gekommen war, seufzte sie und sagte: »Aber was der Hirte sah, das können wir auch sehen, denn die Engel fliegen in jeder Weihnachtsnacht unter dem Himmel, wenn wir sie nur zu gewahren vermögen.«

Und dann legte Großmutter ihre Hand auf meinen Kopf und sagte: »Dies sollst du dir merken, denn es ist so wahr, wie dass ich dich sehe und du mich siehst. Nicht auf Lichter und Lampen kommt es an, und es liegt nicht an Mond und Sonne, sondern was nottut, ist, dass wir Augen haben, die Gottes Herrlichkeit sehen können.«

(Selma Lagerlöf, leicht gekürzte Fassung, Lesezeit etwa 8-10 Minuten)

Intermezzo (instrumental) – Melodie: Stille Nacht ... (EG 46)

Was kann dies für eine Nacht sein?
Ansprache

Was kann dies für eine Nacht sein? Die Frage des unwirschen Hirten, die Frage der kleinen und der erwachsen gewordenen Selma Lagerlöf stellt sich uns heute auch, aus anderen Gründen, mag sein: weil wir keine Anschauung haben, wie der Hirt sie hatte, und nicht mehr in der selbstverständlichen Weihnachtstradition stehen, die die Dichterin kannte. Aber die Frage stellt sich. Warum feiern wir dieses Fest noch? Passt es denn noch in unsere moderne, unsere ungebremste, rast- und ratlose Zeit? Was kann dies für eine Nacht sein?

Die Fragestellung ist bemerkenswert. Es heißt nicht: Was *ist das* für eine Nacht? Sondern: Was kann sie sein?

Das heißt – wenn ich Selma Lagerlöf richtig höre – Weihnachten ist nicht einfach so oder so; nicht einfach »Stille Nacht, Heilige Nacht«, nicht einfach »Fest der Familie« und gute alte Kirchentradition, nicht einfach Schlagerparade und Geschenketausch. Weihnachten ist nicht dies oder das – Weihnachten kann etwas sein.

Es kann eine Nacht sein, in der »die Hunde die Schafe nicht beißen, die Schafe nicht erschrecken, die Lanze nicht tötet und das Feuer nicht brennt«, eine friedvolle Nacht, in der alle Gewalt gebannt ist. Es kann eine Nacht sein, in der knorrige, böse Hirten neugierig werden und schließlich zum Guten umkehren; es kann eine Nacht sein, in der die Frierenden sich am Feuer wärmen und die Hungernden gespeist werden. Es kann eine Nacht sein, in der sich der Himmel auftut und Engel zu sehen und zu hören sind – alle Dunkelheit aber durchleuchtet wird.

Noch eine Frage: Was muss geschehen, damit diese Nacht tatsächlich wird, was sie sein kann?

Selma Lagerlöf gibt eine Antwort, die aufs Erste recht moralisch klingt: »In demselben Augenblick, in dem er (der Hirte) zeigte, dass auch er barmherzig sein konnte, wurden ihm die Augen geöffnet, und er sah, was er vorher nicht hatte sehen können, und er hörte, was er vorher nicht hatte hören können.« Also: Tu was Gutes und dir tun sich die Augen auf. Ich greife das auf, aber höre es noch etwas anders. Ich glaube, in der Heiligen Nacht geht es um Zuwendung.

Gott, das ist der Grund dieser Nacht, wendet sich den Menschen zu. In dieser Nacht wenden sich Menschen einander zu: Josef der Maria und ihrem Kind, die Hirten der Familie. Und wir, die wir davon hören, können das auch: uns einander zuwenden, denen, die unsre Nächsten sind, und den fernen Schwestern und Brüdern, die wir nicht kennen und mit denen wir doch verbunden sind. Wenden wir uns einander zu – so wird diese Nacht zur menschenfreundlichen und lichterfüllten, zur friedlichen und liebevollen, zur Heiligen Nacht, in der die Engel singen vom Frieden auf Erden und von Gottes Wohlgefallen an uns und seinen Geschöpfen.

Was kann diese Nacht sein? Eine Nacht der Zuwendung. Und wie geht Zuwendung? Da müssen wir nur die Augen öffnen, den Blick heben. Da müssen wir nur nach rechts und links schauen, nach vorne und zurück, und wahrnehmen, dass um uns herum und in unseren Herzen Menschen sind, die auf Zuwendung hoffen.

Gott hat uns das vorgemacht, tun wir es ihm gleich. Weil wir es können.

Amen

Lied: Ihr Kinderlein kommet … (EG 43,1-4)

Bitte beten Sie mit uns:

Beginnend mit dem Zwischengesang (Gemeinde):
Weil Gott in tiefster Nacht erschienen,
kann unser Nacht nicht endlos sein.
(EG 56, Kehrvers)

*Liturg*in:*
Nacht liegt über deiner Welt, Gott,
eine Nacht, die uns ängstigt.
Wir möchten hoffen,
dass ein Licht uns hilft.

> *Sprecher*in:*
> Um Mitternacht / hab' ich gewacht
> Und aufgeblickt zum Himmel;
> Kein Stern vom Sterngewimmel
> Hat mir gelacht / um Mitternacht.
>
> Um Mitternacht / hab' ich gedacht,
> Hinaus in dunkle Schranken;
> Es hat kein Lichtgedanken
> Mir Trost gebracht / um Mitternacht.

Weil Gott in tiefster Nacht erschienen …

*Liturg*in:*
Nacht verdunkelt deine Welt, Gott,
eine Nacht aus Krieg und Gewalt.
Menschen werden zu Opfern.
Wirst du ihnen zur Seite stehn?

*Sprecher*in:*
Um Mitternacht / kämpft' ich die Schlacht,
O Menschheit, deiner Leiden;
Nicht könnt' ich sie entscheiden
Mit meiner Macht / um Mitternacht.

Weil Gott in tiefster Nacht erschienen …

*Liturg*in:*
Nacht bedrückt deine Welt,
eine Nacht, die uns die Kraft raubt.
Wir wagen nicht mehr zu träumen.
Kannst du uns ermutigen?

*Sprecher*in:*
Um Mitternacht / hab' ich die Macht
In deine Hand gegeben:
Herr über Tod und Leben,
Du hältst die Wacht / um Mitternacht.

Weil Gott in tiefster Nacht erschienen …

*Liturg*in:*
Die Nacht ist eingezogen in unsere Herzen, Gott,
die Sicht ist uns verstellt.
Wir sehen einander nicht mehr.
Öffne uns die Augen, tu uns die Herzen auf.
In der Stille sagen wir dir,
was uns persönlich bewegt:
…
(Gebetsstille)

*Sprecher*in:*
Um Mitternacht / hab' ich die Macht

In deine Hand gegeben:
Herr über Tod und Leben,
Du hältst die Wacht / um Mitternacht.

*Liturg*in:*
Beten wir, wie Jesus zu beten gelehrt hat:
Vaterunser ...

Und der Frieden dieser Nacht,
den die Hirten sahen,
von dem die Engel sangen,
der Frieden Gottes bewahre eure Herzen und Sinne
in Christus Jesus.
Amen

*Liturg*in:*
Gehen wir in dieser Nacht und von dieser Nacht her in alle Tage
im Segen und im Frieden unseres Gottes:

Dies ist die Nacht, da dir erschienen
des großen Gottes Freundlichkeit.
Das Kind, dem alle Engel dienen,
bringt Licht in deine Dunkelheit.
(nach EG 40,1)

So segnet und behütet dich Gott,
der Zugewandte und Liebevolle,
der Vater, Sohn und Heiliger Geist.

Amen, Amen, Amen

Lied: Stille Nacht, heilige Nacht ... (EG 46,1-4)

Orgelmusik zum Auszug

Himmlische Heerscharen. Predigt zu Heiligabend

Klar, sie gehören zum weihnachtsgeschichtlichen Inventar, die Engel – gar nichts Besonderes. In den Wochen vor Weihnachten habe ich mal ein wenig nachgeforscht, welche Engel so zu sehen sind, welche gekauft werden können, was über sie gesungen und geschrieben wird, welche Filme, Bücher und Kompositionen es gibt. Irgendwann habe ich aufgehört – es ist einfach zu viel. Verkündigungsengel und Putten, Engel aus Schokolade oder aus Papier gefaltet, große Engel und winzig kleine, Winkeengel, Grinseengel, Engel mit Flügel und ohne, männliche und weibliche oder geschlechtslose, hübsche und hässliche – es ist unglaublich, Sie finden alles. Da lässt sich leicht der Überblick verlieren! Und wir alle, die wir heute Abend hier sind, um auf die Botschaft des Engels zu hören, wir alle haben welche zu Hause: auf Keksdosen, über der Krippe, auf Geschenkpapier und auf der Spitze des Weihnachtsbaumes, auf Plattencovern und der Plätzchenschale. Engel, Engel, Engel – in hunderttausendfacher Ausfertigung und gar kein überraschender Anblick. Sie gehören halt dazu, nichts Besonderes.

Allerdings: »Nichts Besonderes« waren sie damals ganz sicher nicht. Gut, Maria hatte schon mal eine Begegnung der englischen Art, und Josef, der Träumer, wird nicht allzu überrascht gewesen sein, aber die Hirten, die Leute, das gemeine Volk, für die gehörte ein Engel nicht zur alltäglichen Erfahrung. Sie waren verwirrt. »Und sie fürchteten sich sehr«, erzählt Lukas darum auch recht verständnisvoll.

Für die Hirten war ein Engel kein gewohnter Anblick – und gleich eine himmlische Heerschar, das war zum Reißaus nehmen. Sie trauten ihren Augen und Ohren nicht, sie zitterten am ganzen Leib – denn ein Rauschgoldengel, ein herzige Putte war der gewiss nicht, der ihnen da erschien. Im Gegenteil, die Menschen damals glaubten mit der Hebräischen Bibel Engel als Manifestationen der göttlichen Macht. Wer Engel zu sehen bekam, war geblendet; wem ein Engel erschien, der hatte zu gehorchen; wen ein Engel ansprach, dem gellten die Ohren. Ein Engel, hier, mitten in der Nacht – fürchterlich!

Und darum waren sie wohl bass erstaunt, als sie hörten, was der Engel auszurichten hatte. Maria hatte ja schon ihren Besuch samt »englischem Gruß« – das »Gegrüßet seist du Maria!« heißt seit dem Mittelalter so. Die Hirten bekamen ihren ganz eigenen Gruß: »Fürchtet euch nicht!« Was – glaube ich – nicht nur heißt: »Nun habt euch mal nicht so, ihr seid doch Kerle!«, oder: »Keine Angst, es wird alles wieder gut!«, nein: Dieser englische Gruß ist eine ganz grundlegende Ermutigung! »Fürchtet euch nicht!«

Aber warum sollten wir uns nicht fürchten, wo es so viel Fürchterliches gibt in der Welt, damals wie heute? Wo die Hirten bei den Hürden des Nachts ihre Herde hüteten, da kann man heute Schüsse hören in der Dunkelheit, Wehklage und Wutgeschrei. In der Nachbarschaft fallen Bomben und Alte und Junge, Männer und Frauen haben keine Hoffnung mehr, machen sich auf und fliehen, wie Josef mit Maria und dem Neugeborenen floh, auf gefährlichen Wegen in eine ungewisse Zukunft.

Wie sollte sich einer da nicht fürchten? Damals und heute?

Es gibt gemalte, gegossene oder gemeißelte Bilder von Engeln, die kommen männlich und muskulös daher. Die haben einen breiten Rücken, kräftige Beine und feste Arme. An die musste ich denken, als ich von dem Engel bei den Hirten las.

Denn die, die Hirten, waren grobe Klötze, raue Gesellen, vom Leben gegerbt. So könnte der Engel damals auch einer gewesen sein: aus grobem Holz geschnitzt, eine gebrochene, jedenfalls nicht schön-menschliche Gestalt vielleicht, ohne Gloriole, ohne hehren himmelwärts gewandten, grundfrommen Blick, und seine Flügel mögen nicht besonders tragfähig gewesen zu sein. Nicht immer haben sie breite Schwingen, die Engel!

Aber wie können gerade solche Engel lehren, furchtlos zu sein? Wie sollten die mich ermutigen?

Wenn in der Bibel von Engeln die Rede ist, dann stehen sie immer für Gott selbst, sie sind seine »angeloi«, seine Boten, und ihre Sendung ist auszurichten, wie Gott sich zu seinen Menschen, zu seiner Schöpfung verhält. Für seine Schönheit und Größe stehen die Cherubim und Seraphim der Hebräischen Bibel, für seine Zugewandtheit die Engel der Verkündigung. Gott, den Menschen zugewandt, Gott, den Menschen nahe. Die Engel erzählen davon, die Engel lassen, wie durch ein Fenster, zu Gott hinschauen. Und was wir sehen, im Antlitz des Engels auf dem Feld, und was wir hören im Wort des englischen Grußes, hat der Dichter Gerhard Tersteegen in einem unserer Weihnachtslieder so besungen: »Jauchzet, ihr Himmel, frohlocket, ihr Engel in Chören – sehet doch da, Gott will so freundlich und nah, zu den Verlornen sich kehren.« Wir haben diese Zeilen eben schon gehört und gelesen.

Gott – freundlich und nah, das ist die Botschaft des Weihnachtsengels. Aber: »freundlich und nah« – wirklich freundschaftlich und wirklich gegenwärtig – das geht nicht ohne Tränen und Schmerz. Die gebrochenen Engelsgestalten, die weisen auf einen Gott hin, der nicht mal eben zu Besuch kommt und dann wieder in seinen Sphären verschwindet, der nicht mal eben vorbeistreift, um nach dem Rechten zu sehen, und dann wieder davonschwebt. Nein, sie verweisen auf den, der Mensch wird, der das Menschliche teilt, der weiß, wie gefährdet und zerbrechlich wir sind.

Am Ende wird es das gewesen sein, was den Hirten den Atem nahm – nicht die Erscheinung allein, sondern ihre Bedeutung: Von heut an seid ihr nie mehr allein, von heute habt ihr Gott an eurer Seite, von heute an seid ihr angenommen und geliebt. Für die rauen Gesellen am Rande, für die Alleingelassenen in der Dunkelheit, für die Frierenden in der Nacht ist das eine atemberaubende Botschaft. Gott scheut sich nicht, einer von uns zu werden, die Kälte zu schmecken, das Dunkle zu ertragen, die Sorge zu teilen – das ist einfach unglaublich, das hat die Welt noch nicht gesehen. Aber die Hirten hatten zuvor auch noch keinen Engel zu Gesicht bekommen. Doch so wahr sie ihn schauen in dieser Nacht, so wahr ist es, dass Gott sich zu ihnen gesellt.

Zu ihnen – und zu uns.

Die Engel gab und gibt es in der Kunst über die Jahrhunderte in immer neuen Gestalten und Farben – ihre Botschaft bleibt sich gleich: Gott ist da, Gott hat sich uns zugewandt, unverbrüchlich und ohne Bedingung.

Schauen Sie einem Engel ins Antlitz, dort steht es geschrieben.

Amen

… wenn die Jungfrau zum Kinde kommt. Predigt zu Lukas 1,46-55 (Magnifikat). Zum 1. Weihnachtsfeiertag

Ich bin ein Gast auf Erden, verbirg deine Weisungen nicht vor mir. Amen

Wir hören auf Gottes Wort und Weisung, aus dem Evangelium des Lukas, im 1. Kapitel, die Verse 46-55:

Meine Seele erhebt den Herrn, und mein Geist freut sich Gottes, meines Heilandes; denn er hat die Niedrigkeit seiner Magd angesehen.
Siehe, von nun an werden mich selig preisen alle Kindeskinder.
Denn er hat große Dinge an mir getan, der da mächtig ist und dessen Name heilig ist.
Und seine Barmherzigkeit währt von Geschlecht zu Geschlecht
bei denen, die ihn fürchten.
Er übt Gewalt mit seinem Arm und zerstreut, die hoffärtig sind in ihres Herzens Sinn.
Er stößt die Gewaltigen vom Thron und erhebt die Niedrigen.
Die Hungrigen füllt er mit Gütern und lässt die Reichen leer ausgehen.
Er gedenkt der Barmherzigkeit und hilft seinem Diener Israel auf,

wie er geredet hat zu unseren Vätern, Abraham und seinen Kindern in Ewigkeit.

Wenn die Jungfrau zum Kinde kommt, liebe Gemeinde, wenn die Jungfrau zum Kinde kommt, dann singt sie, das tut die Jungfrau Maria jedenfalls, als sie zum Jesuskind kommt. Und sie singt mächtig von einem mächtigen Gott, kräftig von Gottes Kraft, inbrünstig und laut ins Land hinein, damit es jeder Mensch hört, über die Zeiten hin, bis auf den heutigen Tag.

Ist ja auch gelungen, hat ja geklappt, wir lesen ihr Lied bis heute, beten es ab und an in unseren Liturgien. Und wenn ich es lese, wenn ich mitsumme und einstimme, dann kann ich Maria förmlich über die Felder springen sehen, schwanger und glücklich tanzt sie den Reigen, packt ihre Cousine Elisabeth am Arm und fordert sie zum Mittanzen auf – und uns auch. »Kommt, kommt singt mit, schwingt das Tanzbein, fallt ein, pfeift mit!«

Für heute mach ich da aber mal noch langsam und halte ich mich zurück: Als evangelischer Theologe habe ich mit den Marienlieder ja immer so meine Mühe – und mit diesem nun ganz besonders, weil es so anstößig ist. Anstößig, skandalös geradezu – aus zwei Gründen.

Der erste: Maria singt von der Umkehrung der Verhältnisse, und zwar von der ganz radikalen Veränderung: »Er stößt die Gewaltigen vom Thron und erhebt die Niedrigen. Die Hungrigen füllt er mit Gütern und lässt die Reichen leer ausgehen.« Karl Marx hätte es nicht schöner sagen können – und ich höre das nicht eben leicht. Ich höre es nicht leicht als Betroffener, als Bürger eines der reichsten Länder unserer Welt, als einer, der sich ums tägliche Brot fast keine Sorgen macht, der aufgewachsen ist ohne Not, ohne Hunger, der ein gutes Buch schätzt und ein schönes Konzert, der in einer wohlhabenden Stadt lebt. Ich weiß nicht, wie es Ihnen geht, aber solche Worte haben für mich etwas Bedrohliches. Auch wenn ich eher bescheidene Ansprüche habe: Reich brauche ich nicht unbedingt zu sein, mächtig auch nicht, aber für meine Söhne wünsche ich mir doch ein Auskommen, das ihnen Chancen eröffnet; und für unser Alter wünsche ich uns ein paar mühelose Jahre, in denen wir's uns gut gehen lassen können.

Da kommt Maria und singt drauflos, singt und kommt uns in die Quere. Gehöre ich zu den Reichen – im Weltmaßstab gewiss – und werde ich also bei Gott leer ausgehen? Gehöre ich zu den Mächtigen – aufs Ganze gesehen wahrscheinlich schon – und stößt mich Gott also zur Seite? Wie hast du das gemeint, Maria?

Aber Maria antwortet nicht, sie singt und ist noch ganz im Tanz versunken. Dabei gibt es noch ein zweites Ärgernis: Maria selber. Vielleicht ist mir gerade etwas unfreundlich zumute, aber ich finde ihr Lied sehr eitel, arrogant geradezu. Maria tut so, als wäre Gott bloß für sie allein da, als hätte er alles nur für sie getan. »Von nun an werden mich seligpreisen alle Kindeskinder« – wenn die Jungfrau zum Kinde kommt, dann hat sie offensichtlich Flausen im Kopf. »Er hat große Dinge an mir getan, der da mächtig ist und dessen Name heilig ist«, und Maria singt sich in die Mitte der Weltgeschichte und lobt sich fast mehr als den Gott, der wohl seine ganze Aufmerksamkeit nur ihr schenkt. Meinst du das so, Maria?

Sehen Sie, da hält sie inne, beendet ihr Lied, da hört sie auf mit dem Tanz und – schüttelt den Kopf. Nein, will sie sagen, nein, so hat sie es nicht gemeint.

Was sie zuallererst besingt, das ist nicht ein bedrohlicher Gott, der das Unterste zuoberst kehrt, das ist nicht zuerst sie selbst, das ist, genau gehört und gelesen, das ist: Gottes Blick.

»Er hat die Niedrigkeit seiner Magd angesehen«, hat Martin Luther aus dem Griechischen übersetzt. Gott hat gesehen, Gott hat geschaut, das ist der allererste und wichtigste Grund für Marias Lobgesang.

Weniger skandalös ist das eigentlich nicht, aber es ist immerhin ein göttlicher Skandal. Denn das Sehen, das Ansehen und Erkennen, das ist in der Bibel von bemerkenswerter Bedeutung, das ist nicht bloß ein optisches Ereignis.

Wenn in der Bibel einer einen Blick auf eine andere wirft, dann ist Liebe, dann ist Verlangen im Spiel. Adam wirft seinen Blick auf Eva – »und Adam erkannte sein Weib Eva und sie ward schwanger und gebar Kain«. David schaut Bathseba beim Bade und fängt Feuer. Hinschauen, ein Auge werfen, einen Blick wagen – in der Bibel geht es dabei, neben dem einfachen Sehen, auch um Innigkeit, um Liebe, um das Eins-werden aus Lust und Leidenschaft. Ansehen heißt: sich verlieben, erwählen, sich verbinden, eins werden.

Das ist der göttliche Skandal, dass Gott einen Blick auf Maria riskiert, er sieht sie an, und so kommt die Jungfrau zum Kinde. Geheimnisvoll bleibt das sicherlich, die Bibel hüllt sich für Genaueres in Schweigen; es bleibt ein Mysterium, wie Gott sich verbindet mit einem Menschen, um den Menschen nah und gleich zu sein – entscheidend ist dabei, dass er innig nah ist, dass er sich liebevoll hingibt, mit Leidenschaft Mensch wird.

Wir sehen es an Jesus: im Elend geboren, vom Tode bedroht schon im Kindsbett und an der Mutterbrust, verfolgt, verspottet, missverstanden, am Ende verlacht, gefoltert, gemordet. Alles Leiden, alles, was Menschen leiden macht, ist dem leidenschaftlichen Gott nicht unbekannt. Das kennt er, das hat er mit eigenen Augen gesehen, am eigenen Leib verspürt.

Deshalb ist es auch zu verstehen, dass Lukas die Maria in den Mittelpunkt des Lobliedes rückt. Für den Liebenden ist die Geliebte, der Geliebte die ganze Welt, der einzige Mensch. Maria spürt das. So erlebt Maria ihren liebenden Gott, ihr ganz zugetan, ihr zuerst und vor allem, und dafür, dass Gott sie liebt, dafür preist sie sich selig. Niemand, Gott nicht, Mensch nicht, kann Größeres, Treffliches, Schöneres tun, als zu lieben.

Maria ist glücklich, und wes das Herz voll ist, des geht der Mund über! Maria schweigt nicht.

Maria will, dass ihr Lied auch unseres wird, dass wir einstimmen. Denn dieser liebende, so leidenschaftlich und innige liebende Gott, der gehört nicht nur ihr, der hat alle im Blick – auch jede und jeden von uns. So nahe, wie er Maria ist – so uns. So innig verbunden – so dir und mir. So, wie er sie ansieht, mit dem skandalös göttlichen Blick – so alle.

Wir sind Geliebte Gottes, er hat ein Auge auf uns geworfen, und mit allem Recht setzen wir in Marias Lied auch unsere Namen ein. Magdalene werden selig preisen alle Kindeskinder, Isabell und Wolfgang, Günther und Julian, Charlotte, Renate, Judith und Thomas auch; denn er hat große Dinge an uns getan, er hat uns angesehen, er hat sich verbunden mit uns, verbunden in Jesus, den Maria empfangen und geboren hat.

Ist Gott aber so liebevoll menschlich, so innig nah, dann ist auch das Bedrohliche in Marias Gesang ganz anders zu hören. Dann erschrecken wir nicht, wenn Gott die Verhältnisse umstürzt, dann geht es nicht um unser Verderben, wenn er das Unterste zuoberst kehrt.

Die Gewalt, die Maria besingt, die Macht, die Gott ausübt, das ist die Macht eines Kindes; es ist die Gewalt des Mannes am Kreuz. Das ist die Stärke einer Liebe, die nicht verletzt, aber zurechtbringt, die nicht verstößt, aber Anstöße gibt, die nicht verwirft, aber zurechtrückt. Diese Liebe ist ein Skandal, weil sie so schwach scheint und doch alles verändert.

Uns zugute – das ist der Grundton von Marias Trostgesang. Das will Gott so, weil er uns im Blick hat. Drum will er auch, dass wir zu singen lernen wie Maria und uns einreihen in einen glückseligen Reigen, von dem die Leute noch sprechen werden wie von Marias Tanz auf dem Feld, die Base Elisabeth im Arm, und sie schämt sich des skandalösen Gottes nicht. Sie schämt sich nicht, geliebt zu werden.

Das brauchen wir auch nicht, wir sind ja angesehene Leute.

Und so kommen wir zum Kinde, heute, und so sind wir geliebt.

Amen

Genau so! Ansprache zu Heiligabend im Dialog mit Anton Bruckner, Windhaager Messe (WAB 25)

Einspielen oder Solo-/Chorgesang:
Windhaager Messe – Kyrie bis Benedictus

Genau, ganz genau so muss das sein, liebe Weihnachtsgemeinde! Genau so! Mit Sang und Klang, mit Waldhorn und Orgel, mit heller, schöner Musik jedenfalls. So stell ich mir die Weihnachtsnacht vor, den Heiligen Abend in Bethlehem: Kaum hat der Gottesknabe das Licht der Welt erblickt, schon hebt die himmlische Mugge an! Engel stellen sich im Chor auf, Harfen und Posaunen werden ausgepackt, die Geigen – extra aus dem siebten Himmel angeliefert – werden gestimmt, und wenn der Erzengel den Taktstock hebt, dann beginnt das musikalische Opfer und es gibt kein Halten mehr! Da wird gelacht und gelobt, jubiliert und triumphiert. Und dann singen sie, dort über dem Dach des Stalles, dann singen sie, was das Zeug hält. Sie singen, was wir eben gehört haben, mit einer feinen Altstimme.

Ein *Kyrie*, ein *Gloria*, ein *Credo*, ein *Sanctus*, ein *Benedictus*.

Kyrie eleison, übersetzt heißt das: »Herr, erbarme dich!«. Diese Anrufung stammt ganz ursprünglich aus der griechisch-römischen Kaiserliturgie, der Hofzeremonie am Kaiserhof in Konstantinopel. Da traten die Untertanen vor den Gottgleichen hin und warfen sich zu Boden, auf den Lippen das »Kyrie eleison!«. Wer das Kyrie singt, der singt also einem Großen zu, einem Unvergleichlichen, einem mit Glanz und Gloria. Und genauso geschieht's, wenn das Gloria gesungen wird, das »Ehre sei Gott in der Höhe« – da wird einer verherrlicht, da wird ein Staunen herausgesungen, das eigentlich keine Worte mehr kennt, ein Staunen über Gottes Größe und Schönheit, ein Staunen über seine Liebe, die ihn dazu bewegt, den Menschen nahe zu sein. Das ist verblüffend, das wirft einen schier um – darum versagen die Worte, drum muss ein Lied her, eine Melodie, drum müssen Klänge hörbar machen, was die Herzen erfüllt.

Dafür steht auch das *Credo* – das Glaubensbekenntnis. Auch das ist zuallererst ein Trostlied. Wir haben uns angewöhnt, das Glaubensbekenntnis zu hinterfragen. Das ist auch gut so. Die alte Sache mit der Jungfrauengeburt, die bleibt, auch zur Weihnacht, eher schwierig und es bedarf ein paar theologischer Erläuterungen, um die – und andere Elemente des Bekenntnisses – wieder schmackhaft zu machen. Der theologischen Erörterung aber dient es seit alters eigentlich gar nicht. Das Credo ist ein Lobgesang, eine Antwort auf Gottes liebevolle Geschichte mit uns: Der heute Nacht geboren wird, der geht unsere Wege, der leidet wie wir, der stirbt wie wir, und der steht vom Tod wieder auf, damit wir eine Hoffnung haben – und dafür, Gott, dafür sag ich dir Dank. Und das, Gott, das glaub ich dir: Credo! Weil du mich liebst, darum glaub ich dir – so ist das Credo gemeint!

Und weil das so eine gute Perspektive ist, weil es so wohltut, in Gottes Blick zu sein, auf seine Gegenwart vertrauen zu dürfen, darum singt's vom Himmel aus Engelkehlen auch gleich *Sanctus* und *Benedictus* – »Heilig ist Gott« und »Gelobt sei, der da kommt!«.

Wer sich erinnert: In der Abendmahlsliturgie singen wir diese beiden Worte immer – das sind auch sehr, sehr alte Sätze, ursprünglich in Hebräisch gesungen und gesagt. Auch die sind ein Lobgesang, eine Hymne auf Gottes Zuwendung, und das Lob kommt ausgesprochen überschwänglich, geradezu weltumfassend daher: »*Pleni sunt coeli et terra gloria tua!*« – Himmel und Erde sind voll deiner Herrlichkeit. Das singt einer – glaub ich –, der restlos verliebt ist, der tief beeindruckt vor Gottes Schönheit und Menschennähe steht und eigentlich nur noch stammeln kann. »Gelobt sei, der da kommt, im Namen des Herrn!« Und jetzt ist er da, er, der da kommen sollte, der Heiland, der Erlöser, das Krippenkind, der Menschensohn, der Friedefürst.

Jetzt ist er da!

Tatsächlich, ist er das? Ist er wirklich da?

Diese Frage macht, dass ich den Lobgesang der Engel bisweilen schwer mitsingen kann. Es ist, wo der Engelsgesang erklingt, nicht eben friedlich. Das war es zu Christi Geburt nicht, das ist es mehr als zweitausend Jahre später nicht. Daran muss ich heuer keine und keinen von uns erinnern, dass die Zeit, in der wir leben, wenig Anlass gibt zu Überschwang und Lobgesang. Wir haben zu viele Bilder im Kopf, die uns die Sprache verschlagen: Menschen an Grenzzäunen, Tote im Meer, berstende Häuser, Bomben in Großstädten, braunes, menschenverachtendes Gegröle – und zwischen all dem auch das, was uns ganz persönlich belastet: die müde Seele, der kranke Leib, die erstorbene Hoffnung.

Um Hoffnung zu haben, um das Gloria gerne zu singen, um ins Credo einzustimmen, braucht es noch ein anderes Lied:

Windhaager Messe – Agnus dei

Genau, ganz genau so muss das sein, liebe Weihnachtsgemeinde! Genau so!

Ich bin sicher, in den himmlischen Lobgesang über der Weihnachtskrippe haben sich auch verhaltene Töne gemischt. Der große Gesang hatte auch etwas von Klageliedern, in den hellen Klängen schwangen auch dunkle mit, schräge Töne, ein Schreien und Verstummen.

»Lamm Gottes, der du trägst die Sünd der Welt, erbarm dich unser! Gib uns deinen Frieden!« So lautet der alte Text des Agnus dei, das wir gerade gehört haben. Mit dem Agnus dei in der Heiligen Nacht werden wir daran erinnert, dass dieses Kind in der Krippe ein verletzliches ist, ein gefährdetes. Es wird in Armut geboren, in der Kälte der Nacht – und wären da nicht die himmlischen Heerscharen mit ihren Orgeln, Waldhörnern und Altstimmen: Keiner hätte gemerkt, dass sich da der menschenfreundliche Gott zeigt.

In alten Zeiten war das Lamm ein Opfertier – der heut geboren wird, ist der, der auf Seiten der Opfer steht, der Kriegsopfer, derer, die ihre Heimat verloren haben, die sich auf die Flucht begeben müssen. Ein paar Tage nach seiner Geburt musste er selbst aufbrechen, in die Fremde. Das Lamm war der Inbegriff der Sanftmut – und ein Sanftmütiger, ein Friedensstifter ist der, der heute geboren wird. Der Frieden schafft – aber nicht mit Getöse und Gewalt, mit Feuer und Schwert, sondern mit seiner Liebe. Einer Liebe, die annimmt und teilt, die sich auftut – und die leise wirkt, leise, kaum spürbar, aber mit einer Macht, die am Ende alle Mächtigen beschämt.

»Er trägt die Sünd der Welt« heißt es im Agnus dei – gemeint ist freilich nicht die moralische Verfehlung, sondern all das, was uns von Gottes Lebendigkeit trennt, was hindert, dass wir Menschen werden, wie Gott sie gemeint hat: achtsame und liebenswürdige, lebensmutige und aufrechte Menschen. Er trägt, was uns den Rücken beugt und was uns das Herz schwer macht, was uns die Hoffnung raubt.

Er trägt es – und das heißt doch: Wir haben die Hände frei, frei füreinander, frei für die, die hilfreiche Hände brauchen, frei, Anteil zu geben und Anteil zu nehmen, an Not und Glück, an Schmerz und Lachen.

Agnus dei – »Gib uns deinen Frieden!« So gibt er ihn, liebe Gemeinde, indem er uns liebt und mit uns trägt. Da können wir selbst lieben und tragen.

Wenn dem so ist, ist das schon ein Liedlein wert, und einen himmlischen Lobgesang. Wenn dem so ist? Aber so ist es ja, dafür hat Gott uns ein Pfand gegeben: »Und das habt zum Zeichen«, sagt der Engel zu den Hirten und zu uns: »Das habt zum Zeichen: Ihr werdet finden das Kind in Windeln gewickelt und in einer Krippe liegen!«

Genau, ganz genau so muss das sein, liebe Weihnachtsgemeinde! Genau so!

Weil Gott liebt und seine Welt erneuert, und weil das gilt und geschieht, auch gegen den Augenschein, weil wir ermutigt aus dieser Nacht gehen können, darum sei Gott gedankt, gern auch mit Lobgesang und Überschwang, und mit den Worten und Klängen der Engel zur Heiligen Nacht!

Windhaager Messe – Gloria

(Die »Windhaager Messe« von Anton Bruckner ist nachzuhören z.B. unter: https://www.youtube.com/watch?v=4T3rO9oKpns; Notenliteratur liegt vor, z.B.: Anton Bruckner, MESSE D-MOLL (1864), Musikwissenschaftlicher Verlag Wien o.J.; bitte auf mögliche GEMA-Gebühren achten, zu erfragen unter: https://www.gema.de/die-gema/das-wichtigste-zu-den-gema-gebuehren. Aufführungszeit ca. 11 min)

Weihnachten

Meditationen, Texte

Jesu Antlitz.
Zu Bert Brecht, Maria

Maria.
Maria hat eine Erscheinung.
Maria hört – und Maria schaut.
Am Ende: Gesang.

Was Maria hört, ist uns wohl vertraut. »Maria, schau, du wirst schwanger werden, du wirst den Sohn des Höchsten tragen und gebären.« Alte Worte, die an noch ältere Worte anknüpfen, an Verheißungen, Zusagen an Israel. Ich könnte mir vorstellen, dass Maria, indem sie hört, sich fragt, ob sie sich wohl verhört hat. So große Worte – hineingesprochen in die kleinen, menschlichen Verhältnisse; wie soll das zusammenpassen, zusammengehen – es ist geheimnisvoll, muss ein Wunder sein, verwunderlich in jedem Fall.

Bert Brecht hat die vertraute Erzählung vom Wunder entkleidet. Er hat sie in seinem Maria-Gedicht hineingestellt in die menschlichen Verhältnisse, in die Lebenswelt der Armen, der kleinen Leute, der kleinen Frauen und Männer.

Bert Brecht, Maria

Die Nacht ihrer ersten Geburt war
kalt gewesen. In späteren Jahren aber
vergaß sie gänzlich
Den Frost in den Kummerbalken und (den) rauchenden Ofen
und das Würgen der Nachgeburt gegen Morgen zu.
Aber vor allem vergaß sie die bittere Scham
nicht allein zu sein
die dem Armen eigen ist.
Hauptsächlich deshalb
ward es in späteren Jahren zum Fest, bei dem
alles dabei war.
Das rohe Geschwätz der Hirten verstummte.
Später wurden aus ihnen Könige in der Geschichte.
Der Wind, der sehr kalt war
wurde zum Engelsgesang.
Ja, von dem Loch im Dach, das den Frost einließ, blieb nur
der Stern, der hineinsah.
Alles dies
kam vom Gesicht ihres Sohnes, der leicht war,
Gesang liebte,
Arme zu sich lud
und die Gewohnheit hatte, unter Königen zu leben
und einen Stern über sich zu sehen zur Nachtzeit.

Maria schaut. Bei Brecht ist der Engel schon über alle Berge, von Herrlichkeit, von himmlischen Heerscharen und Glanz und Gloria keine Spur. Stattdessen: rohe Leute, Hirten, kalter Wind, der durch die elende Hütte fährt, »Frost in den Kummerbalken«. Maria hat das erlitten – und später, meint Brecht, später hat sie es verklärt. Maria hat das auf ihre Weise geschaut: Hirten wurden zu Königen, fauchender Wind zum Engelsgesang, durch das Loch im Dach schien ein Stern. Verklärt – ist uns ja nicht fremd von der Advents- und Weihnachtszeit.

Maria schaut. Sie sieht hinter die Dinge, sie sieht mehr, als da ist; hinter dem Elend, das sie vor Augen hat, liegt Menschliches, Erträgliches, Versöhnliches. Brecht würde das nicht gefallen, aber mich rühren diese Blicke Marias an. Vor allem, wenn ich höre, was sie zu diesem Schauen fähig gemacht hat, was ihr die Augen geöffnet hat.

»Alles dies / kam vom Gesicht ihres Sohnes / der leicht war / Gesang liebte / Arme zu sich lud.«

Alles dies kam vom Gesicht ihres Sohnes. Maria hat eine Perspektive, einen Blickwinkel: das Gesicht ihres Sohnes. Jesu Antlitz. Wir kennen es von tausend Darstellungen bildender Kunst: Das sanfte oder schmerzverzerrte, das schwarze oder weiße, feminine oder maskuline, jugendliche oder altgewordene, glatte oder zerfurchte Gesicht Jesu, zugewandt oder abgewandt, mit einem Lächeln oder hart geschlossenen Lippen, schön und verhärmt. Es ist, glaube ich, in der Summe seiner Abbildungen, ein durch und durch menschliches Antlitz.

Maria schaut – dieses Gesicht. Und sie schaut – wie das Wort schauen verstanden werden kann, ihrem Sohn nicht einfach ins Gesicht, sie schaut in sein Geheimnis, seine tiefe, seine Gottmenschlichkeit, die Maria vielleicht so wenig versteht, wie wir es tun – und doch ahnt sie, und doch verändert sie dieses Gesicht, denn: Dieser Sohn Marias, der war leicht, der liebte Gesang, der lud Arme zu sich, und der sah »einen Stern über sich ... zur Nachtzeit«.

Was Maria in ihm sah? Was gestünde Bert Brecht ihr zu? Ich weiß es nicht. Ich sehe, wenn ich Marias Blick folge: Lebendigkeit, Lebenslust und Menschennähe, einen, der mittendrin ist in allem Menschlichen – und ihm doch nicht verhaftet bleibt. Der, wenn er mich ansieht, meinen Blick weit macht. Und dann werden Hirten zu Königen, Geschwätz zu Gesang, Frost zu Licht, Wind zu einem

Hauch der Gegenwart Gottes. Und aus dem, was Mühe war, was würgte und beschämte, wird ein Fest.

Maria schaut – ich will ihrem Blick folgen.

Ich bin da noch vorsichtig, ich bin mir nicht sicher, ob es dahin kommt, weil ich noch sehr friere in der Nacht und weil ich noch ein armer Mensch bin, der sich seiner Armut schämt, aber vielleicht, vielleicht kommt es dazu – wenn ich einen Blick erhasche auf das Gesicht ihres Sohnes –, dann kommt es dazu, dass ich singe.

Wie Maria singt:

»Meine Seele erhebt den Herrn, und mein Geist freut sich Gottes.« Meine Seele ist erfüllt von Gottesglanz, und Gott ist mir ein Lachen, ein Glück.

Amen

Wenn schon, dann …
Sprechtext zu Lukas 2,1-20

*Sprecher*in 1:*
Und des Herrn Engel trat zu ihnen und die Klarheit des Herrn leuchtete um sie.
(Lukas 2,9)

*Sprecher*in 2:*
Wenn nun schon einmal der Himmel offensteht –

*Sprecher*in 3:*
so verschließe ihn nicht wieder.

*Sprecher*in 2:*
Wenn nun schon einmal die Engel singen –

*Sprecher*in 3:*
so lausche auf ihren Gesang.

*Sprecher*in 1:*
Und der Engel sprach zu ihnen: Fürchtet euch nicht. Siehe, ich verkündige euch große Freude.
(Lukas 2,10)

*Sprecher*in 3:*
Wenn du nun schon einmal ermutigt wirst –

*Sprecher*in 2:*
so richte dich auf.

*Sprecher*in 3:*
Wenn du nun schon einmal angelacht wirst –

*Sprecher*in 2:*
so stimme in das Lachen ein.

*Sprecher*in 1:*
Und das habt zum Zeichen: Ihr werdet finden das Kind in Windeln gewickelt und in einer Krippe liegen.
(Lukas 2,12)

*Sprecher*in 2:*
Und wenn du nun schon einmal finden sollst –

*Sprecher*in 3:*
so mach dich auf die Suche.

*Sprecher*in 2:*
Und wenn da schon einmal ein Kind ist –

*Sprecher*in 3:*
so sei doch Mutter, Vater, Freundin und Freund.

*Sprecher*in 1:*
Da sprachen die Hirten untereinander: Lasst uns nun gehen nach Bethlehem und die Geschichte sehen.
(Lukas 2,15)

*Sprecher*in 3:*
Und wenn es nun schon einmal etwas zu besprechen gibt –

*Sprecher*in 2:*
so wende dich den anderen zu.

*Sprecher*in 3:*
Und wenn es nun schon einmal eine Geschichte gibt –

*Sprecher*in 2:*
so lass sie dir erzählen.

*Sprecher*in 1:*
Und die Hirten kehrten wieder um, priesen und lobten Gott für alles, was sie gehört und gesehen hatten.
(Lukas 2,20)

*Sprecher*in 2:*
Und wenn es nun schon einmal etwas zu hören und zu sehen gibt –

*Sprecher*in 3:*
so höre und sehe und danke Gott dafür.

*Sprecher*in 2:*
Und wenn du nun schon einmal umkehren kannst –

*Sprecher*in 3:*
so nimm Gott mit nach Hause – da will er sein.

*Sprecher*in 1:*
Maria aber behielt alle diese Worte und bewegte sie in ihrem Herzen.
(Lukas 2,19)

Ein neues Lied. Variation zu Psalm 96

Ein neues Lied,
ich singe dir ein neues Lied –
ich singe von einem Wunder!

Zwischengesang:
Singt diesem Kinde,
Gott ist hier auf Erden.
Spart nicht mit Liedern,
laut soll Freude werden;
aus vollen Herzen rufen wir und staunen:
Singt diesem Kinde.
(Melodie: Lobet den Herren ... EG 447)

Ich singe dir mit tiefer Stimme,
denn meine Tiefen füllst du aus.

Ich singe dir mit heller Stimme,
weil du meine Dunkelheit ausleuchtest.

Ich singe dir mit gebrochener Stimme,
denn du teilst meine Verletzlichkeit.

Singt diesem Kinde ...

Ich singe dir mit leiser Stimme,
weil du mir zärtlich nahe bist.

Ich singe dir mit strahlender Stimme,
denn du machst mir die Brust frei.

Ich singe dir mit lauter Stimme,
weil ich begeistert bin.

Singt diesem Kinde …

Ein neues Lied –
Ich singe dir meine Lieder,
die alten und die neuen,
ich singe von einem Wunder!

Ein großes Wunder besinge ich,
das über meinen Verstand geht.

Ein begeisterndes Wunder besinge ich,
vor dem ich staunend stehe.

Ein heimliches Wunder besinge ich,
das mich ergreift.

Singt diesem Kinde …

Ein beglückendes Wunder besinge ich,
das mich dankbar macht.

Ein liebevolles Wunder besinge ich,
das auch mich meint.

Ein weites Wunder besinge ich,
das den Erdkreis umschließt.

Singt diesem Kinde …

Ein neues Lied,
ich singe dir ein neues Lied,
ich singe von einem Wunder!

Gute Nachricht

Liedstrophe:
Vom Himmel hoch, da komm ich her,
ich bring euch gute neue Mär,
der guten Mär bring ich so viel,
davon ich singen und sagen will.
(EG 24,1)

Hört sie, die gute Nachricht:
von dem Kind,
das lächelt in der Kälte der Nacht,
das Dunkelheit und Steine erwärmt.

Hört sie, die gute Nachricht:
von der jungen Mutter,
die ihren Träumen Glauben schenkt,
die Vertrauen wagt.

Vom Himmel hoch, da komm ich her,
ich bring euch gute neue Mär!

Hört sie, die gute Nachricht:
von dem bedächtigen Vater,
der nach Herberge sucht
und der sie findet.

Hört sie, die gute Nachricht:
von den rauen Männern,
die lange schon warten,
die ihre Geduld nicht verlieren.

Vom Himmel hoch, da komm ich her,
ich bring euch gute neue Mär!

Hört sie, die gute Nachricht:
von der mutigen Frau,
die ihren Schleier abnimmt,
die ihre Stimme erhebt.

Hört sie, die gute Nachricht:
von dem tapferen Soldaten,
der seine Waffe fortwirft,
der sich zum Töten nicht zwingen lässt.

Vom Himmel hoch, da komm ich her,
ich bring euch gute neue Mär!

Hört sie, die gute Nachricht:
von dem zornigen Mädchen,
das keine Ruhe gibt,
das der Welt eine Zukunft wünscht.

Hört sie, die gute Nachricht:
von dem stillen Altgewordenen,
der zufrieden auf sein Leben schaut
und der den Tod nicht fürchtet.

Vom Himmel hoch, da komm ich her,
ich bring euch gute neue Mär!

Hört sie, die gute Nachricht:
von der roten Rose,
die im Herbst noch blüht,
die ihren Duft verströmt und nichts verlangt dafür.

Hört sie, die gute Nachricht:
von den großen Elefanten,
die durch die Savanne ziehen,
keiner macht mehr Jagd auf sie.

Vom Himmel hoch, da komm ich her,
ich bring euch gute neue Mär!

Hört sie, die gute Nachricht:
von dem Gotteskind,
das leise ist
in der Macht seiner Liebe,
das uns ansieht und uns kennt.

Liedstrophe:
So merket nun das Zeichen recht:
die Krippe, Windelein so schlecht,
da findet ihr das Kind gelegt,
das alle Welt erhält und trägt.
(EG 24,5)

Maria singt (Magnifikat 1)

Mein Seele erhebt den Herrn –
das ist kein Leichtes:
Gott erheben.
Stellt euch vor, wie schwer Gott ist,
der aller Welt Lasten trägt!
Und ich trage ihn:
nicht auf Händen,
nicht auf den Schultern,
im Gedächtnis auch nicht
oder im Herzen.
Mit der Seele trage ich ihn,
denn die ist stark
und darin hat er den Raum,
den er braucht.
Den er nötig hat,
um sich auszuruhen
von allem Menschenschmerz.
Meine Seele hilft ihm auf,
weil er sich selbst nicht erheben kann.
Ist er zu schwach?
Stark wie ein Kind ist er,
das sich aufmacht
geboren zu werden.

Maria freut sich (Magnifikat 2)

Denn.
Denn du, Gott, hast angesehen.
Hast mich angesehen.
Mich!
Nicht vor allen anderen.
Mich –
und hast deinen Blick nicht abgewendet.
Von den anderen
und von mir.
Denn du siehst alle an.
Doch nicht: nur im Vorübergehen.
Nicht aus der Ferne.
Von hoher Warte.
Du hast mich angesehen,
mich und meine Niedrigkeit.
Dass ich bloß ein Mensch bin und Frau,
das erschreckt dich nicht.
Auch wenn du ganz genau hinsehen musst.
Ganz genau,
um mich zu finden
in meiner Menschlichkeit,
dieser schön-hässlichen, würdevoll-zerrissenen Menschlichkeit.

Auch wenn du gute Augen brauchst
und einen klaren Blick –
du siehst mich an – und lachst.

Maria steht auf (Magnifikat 3)

Da gibt es kein Halten mehr!
Gott kehrt das Unterste zuoberst.
Wer will da noch sitzen bleiben?
Wer will sich da noch dreinschicken in:
Höhe und Tiefe,
niedrig und groß,
mächtig und arm?
Aus Demut wird Mut,
aus Knechten werden Freie.
Wer getreten wurde,
erhebt sich und tritt nicht zurück.
Und die Zerschlagene fasst sich ein Herz.
Gerader Rücken,
aufrechter Gang.

Maria stimmt zu (Magnifikat 4)

Einverstanden!
Gott: Mach das so!
Mach mich zur Mutter einer Liebe,
die keinen Stein auf dem anderen lässt.
Dein Glück will ich tragen,
deine Leidenschaft,
dein Lachen
und deinen Schmerz.
Wenn du Menschen brauchst,
um Mensch zu werden,
dann zähle auf mich.
Wenn du irgendwo beginnen musst,
dann will ich die Erste sein,
die deine Verletzlichkeit behütet,
die deine Schwäche schützt.
Da deine Liebe einen Ort braucht:
Fülle mich aus.

Maria hört
(Magnifikat 5)

Du hast es gesagt!
Du hast es immer schon gesagt!
Licht soll werden.
Finsternis wird hell.
Du willst nicht allein sein,
sondern Geschöpfe haben neben dir,
nicht Engel allein:
Amseln, Katzen, Kinder und Rosen.
Und du unter ihnen,
in unseren Häusern und Gärten, in unserer Zeit.
Von allem Anfang an,
da du deine Stimme erhoben hast,
hast du dich versprochen
den Müttern, den Vätern, Kind und Kindeskindern.
Du hast es gesagt,
längst schon gesagt.
Und weil ich dich höre,
nimmst du mich hinein
in dein Schaffen,
dein Nahesein.

Vierzig Fragen an die Weihnachtsgeschichte – und eine Antwort

1
Lachte sich Augustus ins Fäustchen, als er die Volkszählung gebot?

2
Hatte er zuvor ein Bad genommen, sich vom Tisch erhoben oder kam er verschwitzt vom Exerzierplatz?

3
Wie viele Stoßseufzer mag es gegeben haben, als die Leute von der »Schätzung« erfuhren?

4
Und wie viele Flüche?

5
Was hatte Josef, der Zimmermann, am Bau noch zu erledigen, bevor er »sich aufmachte«?

6
Wann setzten bei Maria die Wehen ein? Schon auf dem Wege, am Stadtrand von Bethlehem oder vor der Herberge?

7
Waren ihre Wehen, da Jesus ihr erstes Kind war, sehr schmerzhaft?

8
Fürchtete Maria sich, weil sie ohne Mutter, ältere Schwester oder Hebamme gebären musste?

9
Aus welchem Stoff schnitt Maria die Windeln? War es ein grobes Leinen oder weiche Schafswolle?

10
Wer war alles in der Herberge zu Gast, so dass sie »keinen Raum« mehr hatten?

11
In welchen Sprachen plauderten, stritten und sangen die Gäste?

12
War der Wein gut und hat einer die Zeche geprellt?

13
Musste Josef für Stall und Krippe zahlen?

14
Schliefen die Hirten, bevor der Engel kam, blökten die Schafe, zirpten Grillen und bellte in der Ferne ein Schakal?

15
Das Leuchten der »Herrlichkeit des Herrn« – war es gleißend und blendete die Hirten, oder schien da ein warmes freundliches Licht?

16
Wie viele Hirten waren es eigentlich, wie lang ihre Bärte?

17
Als sich die Hirten fürchteten: Zitterten sie, riefen sie um Hilfe oder verstummten sie, blass und wie gelähmt?

18
Wie groß war »die Menge der himmlischen Heerscharen«: hundert, tausend, hunderttausend? Wer dirigierte den großen Chor?

19
War ihr Gotteslob laut?

20
Sangen sie in Aramäisch, Hebräisch oder Latein (oder in Deutsch, wenn es nach Luther geht)?

21
Wer – außer den Hirten – hat das Spektakel noch bemerkt?

22
Wer von den Hirten war der Erste, der den Vorschlag machte: »Lasst uns nun gehen nach Bethlehem«?

23
Wie haben sie Maria und Josef, »dazu das Kind in der Krippe liegend« eigentlich gefunden? Kannten sie sich aus in Bethlehem?

24
Wie roch es im Stall? Erträglich?

25
Was haben Maria und Josef, was haben die Hirten gesagt? Haben sie sich begrüßt, »Gute Nacht« gewünscht, gratuliert?

26
Schlief Jesus oder greinte er, gestört von den neugierigen, unerwarteten Gästen?

27
Wem haben die Hirten zuerst von dem, was sie gesehen hatten, erzählt?

28
Was antwortete die, die sich wunderten, als sie die Geschichten hörten? Staunten sie, zogen sie die Stirnen kraus, machten sie sich lustig?

29
Welche Worte genau »bewegte« Maria »in ihrem Herzen«?

30
Wohin kehrten die Hirten zurück? Zu den Hürden, in ihre Häuser, zur Kneipe im Nachbarort?

31
Hatten sie gefroren in der Nacht oder war ihnen nun warm ums Herz?

32
Bekamen sie Zweifel hinterher und sprachen sie darüber oder schwiegen sie verschämt?

33
Konnte sich Maria am frühen Morgen noch etwas ausruhen?

34
Wie hat Maria die Nachgeburt versorgt?

35
Lächelte Jesus, als er zum ersten Mal – hungrig gewiss – von der Muttermilch kostete?

36
Wo fand Josef zu essen für Maria und sich selbst?

37
Gab es noch andere, die neugierig vorbeischauten: der Wirt, der Krämer, eine aufgeschreckte Nachbarin?

38
Wechselte Maria das Stroh ab und zu, schaffte Josef neues heran?

39
Waren Ochs und Esel sehr überrascht, sich in einer solchen Geschichte zu finden?

40
Hießen die Leute in Bethlehem die junge Familie willkommen oder komplimentierten sie sie so rasch als möglich wieder aus der Stadt?

Eine Antwort:
Lukas war ein gewiefter Schriftsteller: Denken Sie nur an den »reichen Jüngling« (Lukas 18,18-26), der traurig wird über allem, was er hat; oder an den »reichen Mann«, der in der Hölle darbt, und den »armen Lazarus«, dem es in Abrahams Schoß schließlich gut geht. Lukas erzählt solche Geschichten fast trocken und lapidar, aber immer mit einem kleinen Riss oder Stich, der zum Nachsinnen nötigt. Der dritte Evangelist provoziert, er lädt dazu ein, sich in seine Geschichten hineinzubegeben und nachzuspüren, wie es einer »bittenden Witwe« oder einem »bösen Weingärtner« wohl ergangen sein mag, was sie gedacht und gefühlt haben mögen.

Auch die Weihnachtsgeschichte ist eine Provokation. Vielleicht höre ich das kaum noch, weil ich sie schier auswendig aufsagen kann, so oft habe ich ihr gelauscht, habe ich sie gelesen und vorgelesen. Aber es bleibt dabei: Lukas will, dass ich genauer hinschaue. Er erzählt – im Grunde ja in kurzen Strichen –, damit ich aufmerke und mir meine Fragen stelle. Fragen an die Weihnachtsgeschichte, Fragen nach diesem Ereignis, nach dem Krippenkind und den Menschen, die ihm begegnen in dieser Nacht, die wir die heilige nennen.

Geh ich auf diese Weise dem Lukas auf den erzählerischen Leim, dann sehe ich, rieche ich, höre ich hin und staune ich, wie die Hirten es taten, dann bekommt Augustus ein Gesicht, dann ist Maria nicht die hehre Jungfrau, sondern eine Gebärende, unter Schmerzen und beglückt, dann werden mir die Hirten zu Brüdern und die Engel zum himmlischen Thomanerchor.

Gott wird sinnlich. Darauf will Lukas hinaus, das sollen seine Leserinnen und Leser erfahren: Gott ist sinnlich. Was auch heißt: Gott erfährt mit allen Sinnen, was es heißt, ein Mensch zu sein. Klein zu sein, verletzlich, abhängig, gefährdet – am Ende auch leidend und sterblich. Gott tut nicht nur so, streift das Menschengewand nicht nur über, wie der Wolf ganz gerne mal einen Schafspelz, um es bald wieder abzulegen, nein, Gott wird Mensch, mit allen Folgen, mit allen Risiken und Nebenwirkungen. Warum macht er das?

Weil er uns liebt – mit allen Sinnen, sinnlich.

Weihnachten

Gebete

Keinen Raum

Mein Gott,
meine Klage hat keinen Ort,
an dem ich ihr freien Lauf lassen könnte.
Meine Sehnsucht hat kein Ziel,
dahin ich sie ausrichten könnte.
Mein Schmerz hat keinen Winkel,
wo ich ihn ablegen könnte.
Mein Kummer hat keine Höhle,
darin er sich ausbreiten könnte.
Meine Tränen haben kein Gefäß,
darin ich sie auffangen könnte.
Meine Seele hat kein Haus,
in dem sie sich bewahrt fühlen könnte.
Mein Zweifel hat keine Kammer,
in der er ruhen könnte.
Meine Hoffnung hat keinen Garten,
darin sie wachsen und blühen könnte.
Meine Träume haben keine Straße,
auf der sie in die Weite schweifen könnten.
Ich habe keinen Raum,
darin ich Herberge nehmen könnte.
Doch dort, wo kein Raum ist in der Herberge,
dort bist du zu Hause!

Eilend

Mein Gott,
ich eile fort
aus dem leeren Haus meines fehlenden Mutes,
aus den Ruinen meiner Hoffnungen.
Ich eile fort
aus der toten Stadt der verspielten Zukunft,
von den verbrannten Feldern meiner Enttäuschungen.

Ich eile fort
aus den kalten Zimmern meiner Verzagtheit,
aus den verwüsteten Gärten all meines Scheiterns.
Aus der Dunkelheit meiner Verzweiflung,
von den felsigen Bergen der unerreichten Ziele
eile ich fort.

Vom unerträglichen Gewicht meiner Fehler,
aus dem Regen meiner Selbstvorwürfe
eile ich fort.

Ich eile fort
aus den eisigen Stürmen meiner Angst,
vom Abgrund des ratlosen Schweigens in meiner Seele.

Und ich eile, mein Gott, zu dir.
Ich eile in den Stall, an die Krippe,
wo du mich empfängst,
du, der die Ängste kennt, die Kälte,
die Schluchten und alle Weglosigkeit.
Ich eile
und berge mich bei dir.

Bei den Hürden

Mein Gott,
wenn ich meine Schäfchen ins Trockene hole,
wenn ich Zäune errichte,
dann schick deinen Engel,
dass er mich stört
und spricht:
Fürchte dich nicht!

Mein Gott,
wenn ich mich verschließe
und Mauern baue um mich her,
dann schick deinen Engel,
dass er mich öffnet
und spricht:
Fürchte dich nicht!

Mein Gott,
wenn ich mich zurückziehe
und niemanden einlasse bei mir,
dann schick deinen Engel,
dass er mich sucht
und spricht:
Fürchte dich nicht!

Mein Gott,
wenn ich mich verstecke
und nicht gefunden werden will,
dann schick deinen Engel,
dass er mich findet
und spricht:
Fürchte dich nicht!

Weihnachten

Gedichte

wer sein licht
nicht aus sich selbst hat
steht hier
unter dem richtigen himmel

wer keine ruhe findet
im schlaf
findet sie hier

wer eine mitte sucht
und ein menschengesicht
sucht hier
zurecht auch wenn
er des suchens müde
geworden ist

dein sohn maria

sag wann
lächelt er

    wenn du ihn ansiehst

dein sohn maria
sag wann
schaut er mich an

    wenn du ihn ansprichst

dein sohn maria
sag wann
hat er ein wort für mich

    wenn du ihm lauschst

dein sohn maria
sag wann
wird er mich kennen

    er kennt dich lange schon

von den hirten
heißt es
sie suchten ihresgleichen
und fanden sich nicht

sie wurden gefunden

heißt es
von einem
der seinesgleichen suchte

du musst ihn nicht schützen

josef
dein stab zerbricht

ihr müsst ihn nicht wärmen
hirten
euer feuer erlischt

du musst ihm nicht singen
maria
dein lied verklingt

ihr müsst ihn nicht loben
engel
eure stimmen zerrinnen

seid nur getrost
er
achtet und brennt
er
jubelt und lacht

aus den nüstern des esels

aus den augen des ochsen
bildet er ein
du

auf diese weise
zugewandt

gibt er den eltern herberge
in seinem herzen

lädt er die hirten
in seinen stall

er lächelt
du
verändert die welt

kein vogel sang

der das flüstern der engel hätte
übertönen können kein nebel
nahm die sicht der mond
schien nicht
heller als der stern

kein regen löschte
das feuer der hirten kein
sturm zwang sie
in ihre unterstände es war
eine gute nacht für
aufbrüche
und geburten

nachdem

die heiser gewordenen
stimmen der engel verklungen
die hirten grußlos
fortgezogen waren
nachdem
maria sich auf mantel
und streu gebettet
josef der stab
aus der hand gefallen war
vor müdigkeit

trat ruhe ein
und schaute
wie hebammen es tun
nach dem kind

wenn ich etwas bitten dürft

in der heiligen nacht
dann wünsch ich dass es tage

dass das kleine kindlein schläft
ist schon gut und recht
doch mich drängt eine frage

wenn es den tag verschliefe
und wachte nicht zum morgen
wer wär da dass er trage

alles was am tage quält
und was die nächte stört
so dass ich still verzage

doch schläft er nicht und wacht
dann weiß ich mich bereit
dass ich mich täglich wage

Weihnachten

Erzählung

Der Hirt-Wirt

Am liebsten den Josef. Immer hätte ich am liebsten den Josef gespielt, weil er so still in sich selbst ruhte – und zugleich doch ziemlich handfest für seine kleine Familie sorgte. Das hat mir gefallen; und noch besser gefiel mir: Sein braunes Gewand, das mit einem uralten Gürtel – ich meine, der stammte noch vom Großvater des Pfarrers – geschnürt wurde, das schwer über die Schulter fiel und doch warm und weich war. Wenn keiner hinschaute, habe ich es manchmal übergeworfen, um mich für ein paar Augenblicke wenigstens wie Josef zu fühlen. Außerdem hatte Josef einen Schnurrbart, einen fein über die Lippen gemalten schwarzen Schnurrbart; der sah sehr hübsch aus und gab dem Josef etwas Ernstes, Würdiges. Wenn einem der Jungs der Bart gezogen wurde – mit dem schwarzen Schminkstift, der sonst nur an Fasnacht verwendet werden durfte –, dann verwandelte der sich ein klein wenig in einen Mann.

Das ging bei mir natürlich nicht (dachten sie damals), ich war ein Mädchen, ich war Sophia. Mädchen durften den Josef nicht spielen, für die war die Maria reserviert oder der Engel (von einer Engelin ist nie die Rede gewesen). Allenfalls ein Hirte war drin, wenn es zu wenig Jungen dafür gab, oder ein Schäfchen, das ging immer. Ich wäre gerne der Josef gewesen, mit Schnurrbart.

Als ich etwa zehn Jahre alt war und es wieder auf die Krippenspielproben zuging, gab es eine kleine Überraschung. Es wogte eine heftige Grippe- und Erkältungswelle durch die Schule und den Kindergarten, darum waren wir zum ersten Treffen für die,

die wieder mitmachen wollten, nur wenige. Zu wenige: die zwei Pfarrerskinder, die Kleinen von Frau Hollnau, unserer Deutschlehrerin, der blondgelockte Schönling von Herrn Fritz (der Schönling hieß aber nicht Fritz, sondern Ferdinand), mein Bruder und ich und zwei Schüchterne, die wir nicht kannten. Das ist nicht viel Personal für ein Krippenspiel. Frau Rendsburger, die Frau unseres Pfarrers, immer sehr bunt gekleidet und mit einer hohen Stimme, war zuerst etwas ratlos – und dann fing sie an, die Rollen zu verteilen.

Ihre Tochter: Maria – das war klar und eigentlich jedes Jahr so. Ihr Sohn, acht Jahre alt (ungefähr), wurde der Joseph – auch nichts Neues. Die verschreckten Unbekannten waren mit einem stummen Hirtendasein zufrieden – und dass der Schönling den Engel geben sollte, war auch ausgemacht. Mein Bruder wurde wieder zum Schäflein; er und die Hollnauer bildeten eine Herde, worüber sie alle glücklich waren, denn die Schafe hatten in der Regel keinen Text zu lernen, höchstens etwas »Mäh! Mäh!« von sich zu geben. Nach ein paar Minuten war alles geregelt, nur ich hatte noch keine Rolle, und Hirt und Wirt in der Geschichte noch keine Besetzung.

»Mach du das doch, Sophia«, meinte Frau Rendsburger. Zuerst verstand ich nicht, dass sie tatsächlich beide Figuren meinte, den Hirten und den Wirt, aber als es mir langsam dämmerte, fand ich das hervorragend und spannend. Zwei Figuren, zwei Männer sogar, dann würde mir die Bitte um einen Bart bestimmt nicht abgeschlagen werden – und war es nicht ein großes Kompliment, das mir zugetraut wurde, gleich zwei Rollen zu übernehmen? Das musste so sein!

War es nicht unbedingt, denn Frau Rendsburger hatte es sehr wichtig und schaute streng, damit wir alles richtig machten während der Proben – es waren nur vier, weil wir alle das Krippenspiel ja irgendwie auswendig konnten. Und allzu viele Unterschiede gab es in der Handlung ja nicht, ob der Engel nun mal auf der Kanzel stand oder hinterm Altar und ob die Schafe von rechts blökten oder unter der Empore. Trotzdem übten wir alles natürlich ganz genau, es sollte ja »sitzen«, sagte unsere Regisseurin immer wieder. Ich gab mir auch wirklich alle Mühe, weil ich wusste: Jedes Jahr zu Weihnachten kam meine Oma aus »dem Schwäbischen« (wie meine Eltern sagten), um mich und meinen Bruder zu sehen, oder besser: zu beobachten, ob wir's auch gut machen beim Krippenspiel. Sie war da sehr genau. Ich glaube fast, es ging ihr da um so etwas wie die Familienehre; sie war die Tochter eines Pfarrers aus Tübingen (glaube ich mich zu erinnern), immer streng und grau gekleidet, dabei nicht unfreundlich, aber doch immer etwas zurückhaltend, nicht so stürmisch zärtlich wie Mama oder so wohlwollend wie Papa. Oma Cordula erwarteten wir immer am vierten Advent, mit etwas Vorfreude und viel Respekt.

Ich wollte also alles richtig machen, »recht mache«, wie Oma Cordula immer sagte.

Aber das war gar nicht so einfach. Obwohl der Hirt und der Wirt eigentlich nur kurze Sätze zu sagen hatten, brachte ich die immer wieder durcheinander. Sich in zwei so kräftige Kerle hineinzuversetzen war für eine Zehnjährige schon eine Herausforderung. Und so geschah es bei den ersten zwei Proben, dass ich, als der Wirt laut in die Runde rief: »Was soll denn das bedeuten?« Und »Kommt, wir laufen schnell zur Krippe und schauen, was da geschehen ist!« Und obwohl mich Frau Rendsburger sofort verbesserte, bedauerte ich gleich darauf als Hirte: »Ach je, da ist kein Raum in der Herberge; nur im Stall ist noch eine Ecke frei!« Beim ersten Mal fanden das alle noch lustig, und ich habe mich ein bisschen geschämt; beim zweiten Mal war Frau Rendsburger schon etwas ungeduldig: »Jetzt konzentrier dich halt etwas, du willst uns doch nicht blamieren, oder?« Ich wusste damals noch nicht, was »blamieren« heißt, aber auch ohne es zu wissen, schämte ich mich.

Bei der dritten Probe klappte es einigermaßen, weil mein Bruder mir in die Seite boxte. Wir hatten ausgemacht, dass er mich damit an meine Sätze erinnern sollte. Bei der Generalprobe, am Heiligen

Abend vormittags, war sogar das nicht mehr nötig, alles lief wie am Schnürchen. Frau Rendsburger war sehr zufrieden, lobte uns, vor allem den Engelschönling und die niedliche Maria, und meinte, dass ganz sicher alles gut gehen werde am Nachmittag. Ich weiß nicht mehr genau, ob sie dabei mit einem Seitenblick zu mir hinschaute, aber das hätte mich nicht gestört. Ich war glücklich mit meinen Rollen und einen Bart hatte ich nun auch, keinen unter der Nase, aber schwarze Stoppeln am Kinn und auf den Wangen, die ich mit Stolz trug.

Um 17 Uhr begann der Gottesdienst, die Kirche, die gar nicht so klein ist, war mit Menschen überfüllt. Es war zuerst sehr laut, die Glocken waren kaum zu hören, und wir saßen in der Sakristei auf der alten Kirchenbank, die dort abgestellt war (und vielleicht immer noch ist) und warteten in der Kälte, denn die Sakristei wurde nie beheizt. Immerhin, als Hirt und Wirt hatte ich ein Schaffell um die Schulter und eine Schürze vor dem Bauch, die ich weiß nicht wie viele Kinder vor mir schon getragen hatten. Die wärmten mich etwas.

Nach einem Musikstück mit Trompete und der zehnten Ermahnung von Frau Rendsburger, leise zu sein und nicht so zu schnattern, waren wir an der Reihe. Ihr Mann, der Pfarrer, sagte uns an, wir gingen die fünf Stufen zum Altarraum hinunter und stellten uns, unseren Rollen gemäß, auf. Links vom Altar stand eine sehr einfach gezimmerte Sperrholzwand mit einer Öffnung als Türe. Ich durfte mich nicht anlehnen, sonst wäre sie umgefallen. Rechts kauerten die stummen Schafe um ein paar Holzscheite, die um eine rote Glühbirne geschichtet waren – ein sehr improvisiertes Lagerfeuer, zu dem ich mich gleich, wenn ich mein Wirtsamt erledigt hatte, hinübergehen musste, zu den anderen, gleichfalls stummen Hirten.

Nach ein paar Worten von Herrn Rendsburger (»Die immer gleiche Geschichte – und jedes Mal neu!«) begann das Krippenspiel: Alle sangen »Vom Himmel hoch«, dann schlurften Josef und Maria die Altarstufen hinauf. Josef, der sich am Schnurrbart kratzte, schaute sich etwas hilflos um, Maria seufzte kaum hörbar: »Ach Josef, lieber Josef mein ...«. Da wandte Josef sich mir zu, baute sich männlich vor mir auf und fragte: »Ist hier noch Platz für eine schwangere Frau?« Zuerst musste er noch erläutern, dass sie einen langen Weg hinter sich hatten, seine Frau »guter Hoffnung« sei und bald gebären werde und dass sie in Bethlehem schon überall herumgefragt hätten. »Habt ihr nun, treuer Wirt, eine Kammer für den Herrn?« Jetzt war ich dran, jetzt kam mein Satz. Mit aller Kraft, weil, was ich zu sagen hatte, ja wichtig für die ganze Geschichte war, rief ich, den Besuchern und Besucherinnen des Weihnachtsgottesdienstes zugewandt: »Was soll denn das bedeuten?«

Verunsichert wandte Josef sich ab und schaute erst zu Maria und dann zu Frau Rendsburger, die ihm bedeutete, dass er einfach weitermachen solle. »Los, los!«, flüsterte sie halblaut und winkte ihn weiter. Mir war zuerst nicht klar, dass ich doch wieder aus der Rolle gefallen war, beziehungsweise in die falsche, aber ich hatte auch keine Zeit, mich zu grämen. Rasch lief ich hinter dem Altar auf die andere Seite, um mich an den Holzstapel zu stellen. Da baute sich auch schon der Schönling vor den Schafen auf, vor mir und den Hirtenkollegen. Mit glockenheller, etwas eitler Stimme ließ er hören: »Fürchtet euch nicht! Siehe, ich verkündige euch große Freude!« – und schaute mich herausfordernd an. Nun musste ich das Richtige sagen. Natürlich! Also rief ich, fast lauter als der Wirt vorhin: »Aber es ist kein Platz in der Herberge! Im Stall ist noch eine Ecke frei!« Sichtlich irritiert brach der Engel ab; aber es war auch nicht mehr viel zu sagen und zu spielen. Langsam schritt ich, mit gebeugtem Haupt, denn ich hatte jetzt sofort gemerkt, dass ich falsch lag, zur Krippe, die plötzlich in der Mitte des Altarraumes stand. Die alte Puppe von Frau Rendsburg, mit der sie als Kind schon gespielt hatte, mit blonden Haaren wie der Engel, lag darin, ein Augenlid geschlossen. Das war kein schöner Anblick, aber mir war es gleich, ich schämte mich in Grund und Boden.

Auf den Boden setzten wir uns auch, das war so üblich, damit die Gottesdienstbesucher- und Besucherinnen, die Eltern, Omas und Opas vor allem ihre Kinder und Enkelinnen noch etwas bewundern konnten. Da erst sah ich Mama und Papa mit Oma Cordula, sie saßen in der vierten Bank unter der Kanzel und schauten etwas ratlos drein, glaubte ich jedenfalls. Schnell waren sie verdeckt von Pfarrer Rendsburgs Talar, der vor uns auf und ab ging und wohl noch Wichtiges zum Krippenspiel zu ergänzen hatte. Erst hörte ich, so aufgeregt und zerknirscht wie ich war, nicht richtig zu, aber als er meinte: »Nun müssen wir das wohl noch ein bisschen korrigieren! Diesmal war's ja nicht die immer gleiche Geschichte, diesmal haben wir sie neu gehört. Naja, nicht ganz richtig, nicht wahr. Der Wirt bleibt ja doch der Wirt und die Hirten bekommen auch keinen anderen Text! Aber ... wie auch immer ...«

Da stieg auf einmal ein unbändiger Zorn in mir auf: War denn der Pfarrer der Herr über die Geschichte, über das Krippenspiel, bei dem er nie mitgemacht hat? Nein, das war unsere, das war meine Geschichte! Ich musste einfach aufstehen, ich konnte nicht anders. Ich erhob mich, vielleicht habe ich sogar mit einem Fuß auf den Teppich vor dem Altar gestampft, ich baute mich vor der Krippe auf und rief, so dass es alle hören mussten: »Aber ich bin der Hirt-Wirt – und ich sage, was ich sagen will!«

Eine Stille machte sich breit, ein Schweigen, dass ich die Kerzen am großen Weihnachtsbaum knistern hören konnte. Da stand in der vierten Reihe unter der Kanzel plötzlich eine Frau auf, rief, dass alle es hören mussten: »Bravo! Jetzt kann's Weihnachten werden!« und begann, in die Hände zu klatschen. Oma Cordula. Meine Eltern fielen ein, lachten, bald applaudierte die ganze Weihnachtsgemeinde.

Pfarrer Rendsburger machte ein verlegenes Gesicht, sagte ein Lied an, betete und irgendwann war der Gottesdienst zu Ende, nach »Stille Nacht, heilige Nacht«. Wir gingen nach Hause, beim Festessen, bei der Bescherung war vom Krippenspiel keine Rede mehr, ich hatte es auch fast vergessen, bis Cordula, die mich zu Bett bringen wollte, sich auf mein Bett setzte und mir über das Haar strich. »Ich bin sehr stolz auf dich, kleine, große Sophia!«, flüsterte sie und machte das Licht aus. Ich schlief rasch ein, gewärmt unter meiner Decke und von Oma Cordulas Worten.

Frau Rendsburger hat mich nie wieder gefragt, ob ich beim Krippenspiel mitmachen wollte, bald war ich auch zu alt dafür.

(Diese Geschichte gehört Hannah, Marie und Alma)

Jahreswechsel

Jahreswechsel

Gottesdienste, Predigten

Freies Geleit. Gottesdienst zum Altjahrsabend

(Schale mit Segensworten, kurzen Gebeten und Gedichten zum Weggeleit vor Altarraum bereitstellen)

Orgelvorspiel

Votum – **Amen**

Begrüßung:
Sehr freundlich begrüße ich Sie und euch zum letzten Gottesdienst in diesem Jahr, zum Altjahrsabend. Für mich ist das vor allem eine Zeit der Besinnung, der Rückschau, bevor das neue Jahr mit Getöse beginnt und seine Versprechungen macht.

Lied: Der du die Zeit ... (EG 64,1-3.6)

Der Gott, der die Zeit in Händen hat, der Gott unserer Jahre und Tage, unser Gott, der sei mit euch – **und mit deinem Geist**

Meine Hilfe kommt von Gott.
Psalmgebet im Wechsel (Psalm 121):

Zwischengesang:
Nun lasst uns gehn und treten
mit Singen und mit Beten
zum Herrn, der unserm Leben
bis hierher Kraft gegeben.
(EG 58,1)

Ich hebe meine Augen auf zu den Bergen.
Woher kommt mir Hilfe?
    Meine Hilfe kommt von Gott,
    der Himmel und Erde gemacht hat.

*Liturg*in (gesprochen):*
Wir gehen dahin und wandern
von einem Jahr zum andern,
wir leben und gedeihen
vom alten bis zum neuen.
(Paul Gerhardt, vgl. EG 58)

Nun lasst uns gehn und treten …

Er wird deinen Fuß nicht gleiten lassen,
und der dich behütet, schläft nicht.
Siehe, der Hüter Israels schläft und schlummert nicht.
    Gott behütet dich;
    Gott ist dein Schatten über deiner rechten Hand,

*Liturg*in:*
Gelobt sei deine Treue,
die alle Morgen neue.
Lob sei den starken Händen,
die alles Herzleid wenden.

Nun lasst uns gehn und treten ..

Dass dich des Tages die Sonne nicht steche
noch der Mond des Nachts:
    Gott behüte dich vor allem Übel,
    er behüte deine Seele.
Gott behüte deinen Ausgang und Eingang
von nun an bis in Ewigkeit!

*Liturg*in:*
Sprich deinen milden Segen
zu allen unsern Wegen,
lass Großen und auch Kleinen
die Gnadensonne scheinen.

Nun lasst uns gehn und treten …

*Liturg*in:*
Ach, Hüter unsres Lebens,
fürwahr, es ist vergebens
mit unserm Tun und Machen,
wo nicht dein' Augen wachen.

Ehre sei dem Vater …

Bitte beten Sie mit mir:

Mein Gott, von dem mir Hilfe kommt,
der mich behütet,
am Ende des Jahres komme ich zu dir, um zu danken:
zu danken für das Schöne und das Schwere,
zu danken für das Helle und das Dunkle,
zu danken für das Neue und das Bewährte.
Jeden Tag habe ich empfangen aus deiner Hand
und alles, was reich war darin:

die Gesichter und das Lachen,
die tiefe Stille und das laute Glück.
Jede Stunde kommt aus dir,
und alles, was mich herausgefordert hat:
der Streit und die Verzagtheit,
der Schmerz und die Mühe.
Mein Gott, von dem mir Hilfe kommt,
der mich behütet,
hilf, dass alles, was mir begegnet ist,
zum Segen wird und fruchtbar.
Darum bitte ich dich: Hilfreicher Gott, erbarme dich!

Herr, erbarme dich ... (EG 178.11)

Gott hört uns und er lässt sich hören. Und das ist es, was Gott uns zusagt:

Unsere Hilfe steht im Namen Gottes, der Himmel und Erde gemacht hat.

Ehre sei Gott in der Höhe – **und auf Erden Fried ...**

Lied: Von guten Mächten ... (EG 65,1.2.7)

Lesung: aus Tobit 5 (Auswahl, nach »Gute Nachricht-Bibel«)

> *Da ging der junge Tobias hinaus und fand einen stattlichen jungen Mann, der stand da gegürtet und wie bereit zu reisen.*
> *Und er wusste nicht, dass es ein Engel Gottes war, grüßte ihn und fragte: Woher bist du, guter Freund?*
> *Er antwortete: Von den Israeliten.*
> *Da ging Tobias hinein und sagte das alles seinem Vater; und der Vater wunderte sich und bat, der junge Mann solle zu ihm hereinkommen.*
> *So kam er herein, grüßte ihn und sagte: Gott gebe dir allezeit Freude!*

Aber der Vater sagte: Was soll ich für Freude haben, wenn ich im Finstern sitzen muss und das Licht des Himmels nicht sehen kann?
Und der junge Mann sagte zu ihm: Hab Geduld, Gott wird dir bald helfen.
Und der Engel aber sagte zu ihm: Ich will deinen Sohn wohlbehalten hin- und zurückbringen.
Da antwortete der Vater des Tobias: So zieht hin! Gott sei mit euch auf dem Wege, und sein Engel geleite euch!

Lied: Von guten Mächten … (EG 65,5-7)

Freies Geleit
Predigt zum Altjahrsabend

Heute Abend, am Ende des Jahres, schaue ich zurück – und was ich brauche, ist Gelassenheit.

Vieles hat mich bewegt, beglückt und verletzt, manches Vorhaben ist nicht gelungen. Hier und dort habe ich Fehler gemacht; ich bin beschenkt worden, habe Liebe gefühlt, Freundschaft genossen und manchmal hat mir jemand zu Leid gelebt. Es gab Enttäuschungen, unaufgelöste Rätsel und manchmal das pure Glück. Ich hatte Angst und Sorge und Not; ich hatte Freude, Lust und manchmal ein großes Lachen.

Gelassenheit brauche ich, damit ich hoffen kann, dieses Lachen werde nicht verklingen, meine Fehler werden mir nicht nachhängen, mein Mut werde mir nicht sinken, die Verletzungen werden heilen.

Heute Abend, vor dem Beginn eines neuen Jahres, schaue ich nach vorn – und was ich brauche, ist Gelassenheit.

Gute Vorsätze habe ich mir ja abgewöhnt, aber trotzdem: Ich werde wieder scheitern hier und da, manche Unzulänglichkeit wird mich einholen, Hindernisse liegen schon bereit. Aber ich werde auch wieder Blüten pflücken, Köstlichkeiten kosten, Lieder singen; ich werde neue Worte finden, die mich bewegen, und werde manchmal still genießen, still und verzückt.

Gelassenheit brauche ich, damit ich mich auftun kann für Wunder, und damit ich an Wunden nicht den Lebensmut verliere, damit ich an meinen Schwächen nicht verzweifle und meine Möglichkeiten gelten lasse.

Gelassenheit!

Wie gelingt Gelassenheit?

Wir haben eben, liebe Gemeinde, ein paar Zeilen aus einer ganz traulichen Geschichte aus den Apokryphen des Alten Testaments gehört. Die sind der Teil der biblischen Tradition, der auf Griechisch geschrieben wurde. Luther hat ihn der Bibel nicht zugerechnet, darum finden Sie ihn in evangelischen Bibelausgaben auch eher nicht. »Nützlich und gut zu lesen« seien die Apokryphen, befand Luther, wenn auch der Bibel sonst nicht gleichzustellen.

Diese kleine Geschichte nun aus dem Buch Tobit, die hat unsere Vorstellung vom Schutzengel geprägt. Die Bibel ist voll mit den unterschiedlichsten Ideen, was ein Engel sei und wofür er stehe: für Gottes Macht oder Gottes Zuwendung, für das Strafgericht oder als Botschafter des Willens Gottes, als Traumdeuter oder strenger Mahner – die Engel sind für ganz Unterschiedliches zuständig, für das Weggeleit, wie im Fall des Tobias, eben auch.

Rafael, der Engel Gottes, der sich Tobias zur Seite gesellt, der ist ein Schutzengel. Ich glaube, da gehen uns manche wohlvertrauten Bilder durch den Kopf, Bilder, die mir in der Regel zu süßlich sind. Die bekanntesten wohl sind im sogenannten »Nazarener Stil« einer romantisch-religiösen Kunstrichtung, die deutschsprachige Künstler zu Beginn des 19. Jahrhunderts begründeten: erschreckte, gefährdete Kinder, ein blitzweißer Engel mit starken Armen, blauer Himmel, alles licht und schön.

Tobias, auf der Suche nach Geld und Frau und einem Heilmittel für den erblindeten Vater, Tobias braucht einen Schutzengel, der ihn davor bewahrt, von einem Fisch gefressen zu werden, einen Engel, der es einrichtet, dass er zu seinem Geld kommt und seine

Sara findet. Ach ja, wenn es den gäbe, solch einen Rafael für jede und jeden von uns!

Da ist freilich eines, das mich an der Schutzengelei ganz gehörig stört – ich finde sie arg wählerisch! So aufs Ganze gesehen versagen sie doch recht häufig, oder sie treten in Syrien, im Irak, im hungergeplagten Afrika, in den Armenhütten Lateinamerikas, in den zerbombten Straßen der Ukraine einfach nicht so zahlreich auf. Offensichtlich helfen sie anderswo lieber, oder fühlen sich zu den einen eher hingezogen als zu anderen.

Das macht mir Sorge, das nimmt mir jede Gelassenheit – denn ich weiß nicht, ob ich zu denen zähle, die sie gerne schützen, oder zu denen, die sie eher übersehen. Das scheint mir grundsätzlich sehr, sehr ungerecht. Einen Engel, der sich die Rosinen herauspickt, warum auch immer, den kann ich nicht brauchen, nicht so sehr.

Ich brauche Gelassenheit.

Gelassenheit ist ein wunderbares Wort; es stammt aus der mittelalterlichen Tradition der Mystik, in der die Menschen versuchten, mit Gott eins zu werden, in seinem Willen, seinem Wesen aufzugehen. Wer gelassen ist – der lässt sich selbst los; der überlässt sich Gott, der sieht ab vom Irdischen, tut sich dem Himmlischen auf.

Ich brauche Gelassenheit – aber wem sollte ich mich überlassen? Wem kann ich mich anvertrauen, ohne ausgeliefert zu sein? Auf wen kann ich mich verlassen?

Ich glaube, auf den klassischen Schutzengel, den süßlichen und nicht ganz zuverlässigen, den wählerischen eher nicht. Auch will mir der grundfromme Nazarenerblick nicht so recht gelingen. Wenn ich mich überlasse, will ich mich nicht verlassen müssen. Es bleibt doch auch im neuen Jahr dabei: Für unser Leben sind wir auch selbst verantwortlich, keiner nimmt uns die Entscheidungen aus der Hand, den Herausforderungen müssen wir selbst begegnen – und am Ende wollen wir das auch so: dass wir leben und nicht gelebt werden, dass wir bewahrt bleiben, aber nicht geführt werden, dass einer uns zur Seite steht und ab und an bei der Hand nimmt, aber die Richtung geben wir schon selbst vor. Ich wünsch mir keinen, der mich leitet, aber einen, der mir »freies Geleit« gibt.

Das ist einer, der meine Wege kennt und mitgeht, der mich begleitet und nicht allein lässt, auf den ich mich verlassen kann – einer, der mich doch nicht bedrängt und voranstößt, der mich doch nicht nach Willen und Willkür schickt und schiebt.

Ich brauche Gelassenheit.

Brauche dieses Gefühl, dass Gott mich hält, ohne mich zu fesseln, dass er mir rät, ohne mich zu bestimmen, dass ich mich auf ihn verlassen kann, ohne mich selbst verlassen zu müssen.

Ich brauche, für das neue Jahr, das heute Nacht beginnt, ich brauche »freies Geleit«, damit ich mich versuchen kann, damit ich mein Leben wagen kann. Freies Geleit – das tiefe Wissen, dass mich am Ende nichts aus der Bahn wirft, dass nichts sinnlos ist, was mir begegnet, dass selbst der Tod mich vom Leben nicht trennen wird.

Einen Schutzengel brauche ich wohl nicht, einen Geleitengel aber doch.

Er ist es, der uns »freies Geleit« gibt. Verlässlich ist er auf unserer Seite – und wir können das neue Jahr wagen.

Ich brauche Gelassenheit – und das ist es, was mich gelassen macht: Gott lässt mich nicht fallen, darum darf ich fehlgehen und stolpern; Gott lässt mich nicht los, darum darf ich mich versuchen, mein Leben in die Hand nehmen; Gott lässt mich nicht allein, darum kann ich an meine Zukunft glauben, auch wenn mir die Kraft zwischendurch mal oder am Ende ausgeht.

Gott gibt uns freies Geleit. Lassen Sie uns gelassen gehen, aus dem alten in das neue Jahr – wir haben nichts zu verlieren, wir haben schon gewonnen, weil Gott an unsere Seite geht.

Amen

Lied: Bewahre uns, Gott, behüte uns, Gott, … (EG 171,1+4)

Liebe Gemeinde,
ich lade Sie herzlich ein zu einer kleinen Zeit des Gebetes und der Stille.
Wir kommen zu Gott mit der Fülle dieses vergehenden Jahres, mit allem, was uns beglückt und belastet hat, mit allem Hilfreichen und allem Herausfordernden. Und wir kommen mit der Hoffnung, dass der Gott, der die Zeit in Händen hat, uns trägt und bewahrt. Er gibt uns freies Geleit – und zugesprochen wird es uns im Segen!

*Liturg*in:*
Da liegt ein Jahr hinter uns, liebe Gemeinde,
das wir gelassen in Gottes Hand legen.
Und eines liegt vor uns:
Monate, Wochen und Tage, die wir nicht kennen.
Wir haben Erwartungen und Hoffnungen,
Ahnungen und Befürchtungen –
und wir haben den Wunsch, nicht allein
durch unsere Zeit zu gehen.
Das müssen wir nicht, das werden wir nicht –
Gott ist an unserer Seite.
Er sagt uns seine Nähe zu:
Seht nur, ich bin bei euch,
alle Tage!

Jeder Segen, den wir im Gottesdienst sprechen und hören,
vergewissert uns der Nähe Gottes.

Ich lade Sie ein, sich jetzt – am Ende des alten Jahres und vor dem Beginn eines neuen –, den Segen Gottes ganz persönlich zusprechen zu lassen.

Ich stehe hier vorne bereit.
(gerne noch weitere Segnende dazubitten)
Wenn Sie mögen,
kommen Sie nach vorne, damit wir ihnen die Hände auflegen
und Sie segnen.
Sie segnen für das, was gewesen ist und was Sie weiterbewegt,
für das, was kommt und wozu Sie sich ermutigen lassen möchten.

Hier vorne finden Sie auch eine Schale mit Segensworten, Gedanken und Lyrik, Worte in das neue Jahr.
Nehmen Sie sich gerne eines mit!

Während der Segnung singen wir ab und an die erste Strophe des Liedes:

Lied: Meine Zeit steht in deinen Händen … (EG 644)

*(Organist*in stimmt nach eigenem Ermessen an, Orgel eher leise!)*

Segenshandlung

*(Menschen kommen in einer oder mehreren Reihen – je nach Zahl der Segnenden – vor den Altar und lassen sich die Hand auflegen. Liturg*innen sprechen ein begleitendes Segenswort; dieser Segenshandlung wird sehr viel Zeit eingeräumt)*

Im Anschluss:

*Liturg*in:*
Lebendiger Gott, Hüter des Lebens,
du hast uns deine Gegenwart zugesagt,
mit deinem Segen sprichst du uns deine Nähe zu.

Hier bist du, hier, wo wir sind,
und jetzt bist du hier,
jetzt, in der Zeit, da wir leben, lachen, weinen, hoffen.
Wir vertrauen uns dir an,
gelassen und getrost,
geborgen bei dir!

Beten wir miteinander, wie Jesus gebetet hat:
Vaterunser ...

Und der Friede Gottes,
der höher ist als unser Glauben und Verstehen,
unser Fühlen und Denken,
der bewahre eure Herzen und Sinne
in Christus Jesus.
Amen

Lied: Mögen sich die Wege vor deinen Füßen ebnen ...
(in: Wo wir dich loben, wachsen neue Lieder. München 2018, 71,1+2)

*Liturg*in:*
Gott gibt dir freies Geleit,
Gott bewahrt deinen Weg,
Gott führt dich zum Ziel.

So segnet und behütet dich Gott,
der Liebevolle und Lebendige,
der Vater, der Sohn und der Heilige Geist.

Amen, Amen, Amen

Orgelnachspiel

Die wunderbare Zeitvermehrung. Gottesdienst zum neuen Jahr

Orgelvorspiel

Votum – **Amen**

Begrüßung:
Einen guten Morgen wünsche ich Ihnen und euch – und heute darf ich ganz weit greifen: Ein gutes Jahr darf ich wünschen! Und damit es gut wird, braucht es Zeit, viel, viel Zeit.
Von der Zeit wird heute zu sprechen sein, heute, da das neue Jahr erst nach Stunden zählt und die Tage und Wochen erst kommen.

Lied: Der du die Zeit in Händen hast ... (EG 64,1.2.6)

Der Gott, der die Zeit in Händen hat, der unsere Zeit pflegt und bewahrt, unser Gott, er sei mit euch – **und mit deinem Geist.**

Gebet im Wechsel (Kohelet 3,1-12)

Zwischengesang:

Ausgang und Eingang, Anfang und Ende,
liegen bei dir, Gott, füll du uns die Hände.
(nach EG 175)

*Liturg*in:*
Ich hoffe auf dich und spreche: Du bist mein Gott,
meine Zeit steht in deinen Händen. (Psalm 31,15+16)

*Sprecher*in 1:*
Ein jegliches hat seine Zeit,
und alles Vorhaben unter dem Himmel hat seine Stunde:

*Sprecher*in 2:*
Geboren werden hat seine Zeit,

*Sprecher*in 1:*
sterben hat seine Zeit;

*Sprecher*in 2:*
pflanzen hat seine Zeit,

*Sprecher*in 1:*
ausreißen, was gepflanzt ist, hat seine Zeit;

*Sprecher*in 2:*
töten hat seine Zeit,

*Sprecher*in 1:*
heilen hat seine Zeit;

*Sprecher*in 2:*
abbrechen hat seine Zeit,

*Sprecher*in 1:*
bauen hat seine Zeit;

Ausgang und Eingang ...

*Liturg*in:*
Ich hoffe auf dich und spreche: Du bist mein Gott,
meine Zeit steht in deinen Händen.

*Sprecher*in 2:*
Weinen hat seine Zeit,

*Sprecher*in 1:*
lachen;

*Sprecher*in 2:*
klagen,

*Sprecher*in 1:*
tanzen;

*Sprecher*in 2:*
Steine wegwerfen hat seine Zeit,

*Sprecher*in 1:*
Steine sammeln hat seine Zeit;

*Sprecher*in 2:*
herzen hat seine Zeit,

*Sprecher*in 1:*
aufhören zu herzen hat seine Zeit;

Ausgang und Eingang ...

*Liturg*in:*
Ich hoffe auf dich und spreche: Du bist mein Gott,
meine Zeit steht in deinen Händen.

*Sprecher*in 2:*
Suchen hat seine Zeit,

*Sprecher*in 1:*
verlieren;

*Sprecher*in 2:*
behalten,

*Sprecher*in 1:*
wegwerfen;

*Sprecher*in 2:*
zerreißen hat seine Zeit,

*Sprecher*in 1:*
zunähen hat seine Zeit;

*Sprecher*in 2:*
schweigen hat seine Zeit,

*Sprecher*in 1:*
reden hat seine Zeit;

*Sprecher*in 2:*
lieben,

*Sprecher*in 1:*
hassen;

*Sprecher*in 2:*
Streit,

*Sprecher*in 1:*
und Friede hat seine Zeit.

Ausgang und Eingang ...

*Liturg*in:*
Ich hoffe auf dich und spreche: Du bist mein Gott,
meine Zeit steht in deinen Händen.

*Sprecher*in 1:*
Man mühe sich ab, wie man will, so hat man keinen Gewinn davon.

*Sprecher*in 2:*
Ich sah die Arbeit, die Gott den Menschen gegeben hat, dass sie sich damit plagen. Er hat alles schön gemacht zu seiner Zeit, auch hat er die Ewigkeit in ihr Herz gelegt; nur dass der Mensch nicht ergründen kann das Werk, das Gott tut, weder Anfang noch Ende.

*Sprecher*in 1:*
Da merkte ich, dass es nichts Besseres dabei gibt als fröhlich sein und sich gütlich tun in seinem Leben.

Ausgang und Eingang ...

*Liturg*in:*
Ich hoffe auf dich und spreche: Du bist mein Gott,
meine Zeit steht in deinen Händen.

*Liturg*in:*
Ehre sei Gott, der mütterlichen, dem väterlichen;
Ehre sei ihm, der an unserer Seite geht;
Ehre sei ihr, die uns tröstet.

*Sprecher*in 1:*
Heute und morgen und zu aller Zeit,
immer heute, immer jetzt.
Amen

Lied: Meine Zeit steht in deinen Händen ... (BEL 644,1+2)

Bitte beten Sie mit mir:

Meine Zeit, mein Gott –
mir gleitet sie aus den Händen.
Die Jahre sausen dahin.
Die Tage vergehen im Flug
und nirgendwo kann ich mich halten,
kann ich bewahren,
was mich beglückt und erfreut.
Ich bin atemlos, mein Gott –
aber du bist es nicht.
Ich verwehe mit den Stunden –
aber du hältst mich fest.
Dir vertraue ich mich an!

Kyrie eleison - (EG 178.9)

Lothar Zenetti, Die wunderbare Zeitvermehrung

Und er sah eine große Menge Volkes,
die Menschen taten ihm leid, und er redete
zu ihnen von der unwiderstehlichen Liebe Gottes.

Als es dann Abend wurde, sagten seine Jünger:
Schick die Leute fort,
es ist schon spät, sie haben keine Zeit.
Gebt ihr ihnen doch davon, so sagte er.
Gebt ihr ihnen doch von eurer Zeit.

Wir haben selber keine, fanden sie.
Und was wir haben, dieses wenige,
wie soll das reichen für so viele?

Doch da war einer unter ihnen, der hatte wohl
noch fünf Termine frei, mehr nicht, zur Not,
dazu zwei Viertelstunden.
Und Jesus nahm, mit einem Lächeln,
die fünf Termine, die sie hatten,
die beiden Viertelstunden in die Hand.
Er blickte auf zum Himmel, sprach
das Dankgebet und Lob,

dann ließ er austeilen die kostbare Zeit
durch seine Jünger an die vielen Menschen.

Und siehe da: Es reichte nun das Wenige für alle.
Am Ende füllten sie sogar noch 12 Tage voll
mit dem, was übrig war an Zeit,
das war nicht wenig.

Es wird berichtet, dass sie staunten.
Denn möglich ist, so sahen sie,
Unmögliches bei ihm.

Instrumentalmusik (Melodie: Von guten Mächten ... (EG 65)

Geteilte Zeit
Predigt

Ach, »sie staunten«? Erzählt Lothar Zenetti. Ich staune da auch: Wie soll das denn gehen? Zeitvermehrung? Davon habe ich noch nie gehört: von Zeitmangel schon, vom Stress mit der verfliegenden, dahineilenden Zeit durchaus, von Fehltagen und von unter der Hand zerflossenen Stunden. Zeit – auch wenn wir sie in Minuten, Jahren und Jahrmillionen bemessen können – Zeit vergeht. Und wird nicht mehr, nimmt nicht zu. Ein Jahr hat (im Schnitt) 365 Tage, 8.760 Stunden, 525.600 Minuten und 31.557.600 Sekunden. Das ist eine rechte Mange, aber mehr hat's eben nicht.

Wenn wir nach hinten schauen, wenn wir Zeit auf dem Buckel haben, wenn sie in Chroniken und Geschichtswerken vermessen und verzeichnet ist, dann hat sie ein Gesicht, dann drücke ich sie in Zahlen aus. Aber nach vorne, im Vorblick kann ich sie nicht sehen. Und selbst, wenn ich zu wissen vermeine, was der morgige Tag bringt, sicher kann ich nie sein: Vielleicht breche ich mir auf dem Weg zum Wiedersehen mit der alten Freundin das Bein, oder ich schlafe schlecht in der Nacht und hab keine Kraft für den Besuch, für den ich mir genau morgen die Zeit reserviert habe. Welch ein Irrtum: zu glauben, ich könnte mir Zeit nehmen! Sie lässt sich nicht nehmen, sie treibt voran – und ich werde mitgerissen oder -geschleppt.

Sie merken es: Ich stehe mit der Zeit etwas auf Kriegsfuß. Ich erlebe sie eher als Gegnerin denn als Freundin. Sie eilt – und mir geht der Atem aus. Sie saust und saust – und mir wird schwindelig davon.

Dabei – das muss ich schon sagen – dabei ist die Sehnsucht so groß, etwas Zeit zu haben; vielleicht auch: einmal aus dem Strom der Zeit herauszutreten, durchzuatmen. Ein paar Augenblicke der Ruhe, etwas Muße für die stille, gute Musik, das unaufgeregte Gespräch, für den Duft, der gerade eben vorüberweht, für eine echte, tiefe Stille, die keine Eile kennt und hinter der kein Tick-Tack zu hören ist, die nicht vom schrillen Wecker durchbrochen wird. Wird diese Sehnsucht nicht unbeantwortet bleiben?

Wenn wir, in unseren Zeitläuften, etwas nicht haben, dann ist es Zeit. Der Krieg in der Ukraine, die Gewalt allenthalben, erlauben den Luxus nicht, sich mit Ausgleich und Beschwichtigung Zeit zu lassen – es sterben täglich, stündlich, minütlich Menschen, ihre Lebenszeit endet, ohne dass sie danach gefragt worden wären. Und diese Warnung kennen wir alle: Unsere Weltenuhr läuft ab. Unernste Menschen spielen noch mit der Frage, ob nun fünf Minuten vor Zwölf, drei vor oder schon zehn nach ist – am Ende ist es egal; denn das Ende des erträglichen Klimas, das unserer Mitkreatur Zeit gibt, sich zu erholen, das den Generationen nach uns noch Zeit lässt, sich zu entfalten, steht vor der Tür. Wie viel Zeit bleibt noch? Nicht viel. Wenig – oder keine mehr.

Schon nennen sich junge Leute, die die Gleichgültigkeit nicht länger ertragen und zu drastischen Maßnahmen greifen, die »Letzte Generation«. Erschreckend ist doch nicht, was diese jungen Leute tun, sondern dass uns – selbstverschuldet – die Zeit ausgeht.

Wir brauchen Zeit! Heute, beim Jahreswechsel, denke ich: nichts so sehr wie Zeit. Um das Ruder noch umzuwerfen, um mit unseren Ängsten und unsren Versäumnissen leben zu lernen, um persönlich neue Wege einzuschlagen, um Trost zu finden dort, wo für uns selbst die Zeit knapp wird, in Schmerz und Todesnähe.

Wir brauchen Zeit!

Bekommen wir noch Zeit? Wird sie uns noch eingeräumt?

Lother Zenetti, in seinem Gedicht von der Zeitvermehrung, greift die wohlbekannte Erzählung von der »wunderbaren Brotvermehrung« auf, die in den Evangelien erzählt wird. Jesus hat gepredigt, in Scharen sind ihm die Menschen gefolgt, nun ist's zu spät, heimzukehren oder in kleinen Dörfern notdürftig Herberge und Nahrung zu suchen. »Gebt ihr ihnen zu essen!«, schlägt Jesus seinen Freunden vor, als sei das die einfachste Sache der Welt. Die staunen auch und zeigen sich ratlos. Markus, in seinem Evangelium, erzählt, wie Jesus das ganz Naheliegende tut – er fragt: »Wie viele Brote habt ihr? Geht hin und seht nach!« (Markus 6,38).

Es scheint so einfach zu sein: hingehen, nachsehen. Das gilt wohl auch für die Zeit. Hingehen, nachsehen. Wie viel Zeit ist mir gegeben? Ist da vielleicht doch noch ein Termin frei? Kann ich womöglich eine Stunde, ein paar Minuten erübrigen?

Um zu der Zeit zu kommen, die wir brauchen, die Mensch und Kreatur brauchen, braucht es zuerst also: Aufmerksamkeit. Schauen, lauschen, suchen, finden – den Moment entdecken, die angefüllte Zeit, die Augenblicke, in denen die Zeit stehen geblieben scheint, in denen sie sich verschenkt. Und dann?

Dann geht es ums Teilen. Das Brot reicht für alle, weil es gebrochen und verteilt wird, die Zeit vermehrt sich, indem wir sie nicht für uns selbst behalten, sondern weitergeben. Habe ich sie gefunden, die ruhige Stunde, die unaufgeregten Minuten, den freien Tag – dann teile ich sie mit denen, die Zeit brauchen, Zeit von mir, Zeit mit mir.

Und plötzlich läuft sie uns nicht mehr aus der Hand, sondern bleibt im Herzen, im Gedächtnis, warm und kraftvoll. Ich glaube, wir kennen das alle: Die wirklich wichtigen, lebendigen Zeiten, das sind die gemeinsam erlebten – damals, als wir in den Bergen wanderten, in die Wellen sprangen; als uns der Sonnenuntergang ergriff, als uns die Musik berührte – dich und mich; als der Kleine geboren wurde und wir seine Stimme hörten; dieser Augenblick des ersten Kusses; als ich untröstlich war und meine Großmutter mich in die Arme schloss, die Tränen trocknete. Und selbst, was wir allein erlebten, behalten wir nicht, sondern erzählen davon, teilen es.

Was hilft's? Es hilft, die Zeit anders zu erleben; es hilft zu entdecken, welche Fülle darin liegt. »Ich bin gekommen, damit ihr Leben habt, Leben in Fülle«, hat Jesus einmal gesagt (Johannes 10,10). Es ist ein kraftvolles Geheimnis: Alle Zeit ist Gotteszeit. Keine Zeit ist ohne Gott. Das heißt: In jeder Zeit liegen Kraftquellen, liegt Lebendigkeit, die sich entfaltet, die uns aufhilft und stärkt, wenn wir sie nur wahrnehmen.

Wahrnehmen – also: entdecken und teilen. Wir schauen in die Tiefe der Zeit und wir geben Anteil an den gefundenen Augenblicken, haben Teil an dem, was andere verschenken. Ob das wirklich gelingt? Nötig wäre es!

Es wird berichtet, dass sie staunten.
Denn möglich ist, so sahen sie,
Unmögliches bei ihm.

Vertrauen wir dem, der der Herr der Zeiten ist, und vertrauen wir unserer Zeit, die uns zur Verfügung steht. Viel scheint es nicht zu sein – aber die Summe macht's, wenn wir teilen.

Amen

Lied: Sollt ich meinem Gott nicht singen … (EG 325,1.2.7)

Bitte beten Sie mit uns:

*Liturg*in:*
Unsere Zeit in deiner Hand, Gott!
Geh gut mir ihr um,
sei sanft zu ihr,
denn unsere Zeit ist kostbar und verletzlich.
Wir vertrauen sie dir an, Gott:

Zwischengesang:
Du bist der Atem der Ewigkeit,
du bist der Weg in die neue Zeit.
Du bist das Leben, du bist das Leben,
du bist das Leben, Gott.
(Wo wir dich loben, wachsen neue Lieder, 23, 1)

*Sprecher*in 1:*
Dieses Jahr in deiner Hand, Gott!
Schau, wie viele voller Sorgen in das Jahr sehen,
weil sie Mangel leiden,
weil Gewalt herrscht.
Wir vertrauen sie dir an, Gott:

Du bist der Atem der Ewigkeit …

*Sprecher*in 2:*
Jeder Tag in deiner Hand, Gott!
Schau, wie viele um ihr tägliches Brot bangen,
wie die Ungerechtigkeit ihnen ein Auskommen verwehrt.
Wir vertrauen sie dir an, Gott:

Du bist der Atem der Ewigkeit …

*Sprecher*in 3:*
Jede Stunde in deiner Hand, Gott!
Schau, wie groß unsere Sehnsucht ist,
einander zu begegnen,
Zeit füreinander zu haben,
Zeit zu teilen.
Wir vertrauen uns dir an, Gott:

Du bist der Atem der Ewigkeit …

*Sprecher*in 4:*
Jeder Augenblick in deiner Hand, Gott!
Erschließ dich uns in jeder Sekunde,
hilf uns zu spüren,
dass du an unserer Seite bist.
Wir vertrauen uns dir an, Gott:

Du bist der Atem der Ewigkeit …

*Liturg*in:*
Unsere Lebenszeit in deiner Hand, Gott!
In der Stille sagen wir dir,
was uns persönlich belastet und bewegt:
…
(Gebetsstille)

Wir vertrauen uns dir an, Gott:

Du bist der Atem der Ewigkeit …

Beten wir miteinander, wie Jesus gebetet hat:
Vaterunser ...

Und der Friede Gottes,
der höher ist als unser Begreifen und Fürwahrhalten,
unser Glauben und Fühlen,
der Friede Gottes bewahre eure Herzen und Sinne
in Christus Jesus.
Amen

*Liturg*in.*
Gehen wir in diesen Tag und in dieses Jahr im Segen und im Frieden unseres Gottes:

Gott ist bei dir – fürchte nichts.
Er ist bei dir – hoffe alles.
Er ist bei dir – wage viel.

So segnet und behütet dich Gott,
der Liebevolle und Lebendige,
der Vater, der Sohn und der Heilige Geist.

Amen, Amen, Amen

Musikalisches Nachspiel

Auf ein Neues. Predigt zum Neujahrstag zu Ezechiel 36,26

All Morgen ist ganz frisch und neu des Herren Gnad und große Treu, sie hat kein End den langen Tag, drauf jeder sich verlassen mag. Amen

Ermutigend heißt es im Buch des Propheten Ezechiel, im 36. Kapitel, im 26. Vers:

> *Gott spricht: Ich schenke euch ein neues Herz*
> *und lege einen neuen Geist in euch.*

Das ist geradezu märchenhaft, nicht wahr, liebe Gemeinde? »Ein neues«: ein neues Jahr, ein neues Herz, ein neuer Geist, neue Chancen, neuer Friede, neuer Mut und neue Lebenslust. Menschenskind, das könnten wir wahrhaftig brauchen! Das wäre märchenhaft schön!

Aber nichts ist neu, das wissen wir ja. Der Rauch über der Ukraine ist in der Mitternacht nicht mit dem Böllerqualm verweht; das Entsetzen über den Hunger, die Gewalt und den Hass lässt uns auch nach der Jahreswende noch frieren – und was immer wir persönlich zu tragen haben, das ist nicht seit Neujahr irgendwie leichter geworden.

Alles neu? Das ist allzu märchenhaft.

Ein Märchen ist mir eingefallen – eines meiner allerliebsten Märchen:

»Zwar hatten alle drei einen Hauptfehler, der sie bei den Leuten verhasst machte, es war dies ihr unmenschlicher Geiz, ihre Gefühllosigkeit gegen Schuldner und Arme.« Die Rede ist, vom »dicken Ezechiel«, der nun grad so heißt wie der Dichter unseres Bibelverses; die Rede ist vom »langen Schlurker« und vom »Tanzbodenkönig«. Die drei Geizigen und Gefühllosen werden zum Vorbild für den »Kohlenmunkpeter« in Wilhelm Hauffs Schwarzwaldmärchen – Sie haben es vielleicht schon erkannt, das Flößermärchen vom »Kalten Herzen«, das im Murgtal, in Mittelbaden, spielt. Eine düstere Verfilmung war 2016 in den Kinos.

Peter Munk ist ein armer Schlucker, ein Köhler, und um etwas zu werden, versucht er's beim Glasmännlein zuerst, der ihn zur Vernunft mahnt, und dann beim Holländer Michel, dem schlauen Polterer, der ihm gibt, was er will: Geld und Macht und Ansehen – aber zu einem hohen Preis. Sein Herz, sein lebendiges Herz gibt Peter ab, und er erhält dafür: das »kalte Herz« – wie das Märchen eben heißt.

Ein kaltes, steinernes Herz – wir kennen Menschen, von denen wir sicher sind, dass sie eines haben, ein kaltes, gefühlloses Herz: die Islamisten, die ihren Islam nicht begriffen haben; die rechten Populisten, denen es drauf ankommt, sich Gehör zu verschaffen, um die Menschen geht es ihnen aber nicht; die Gleichgültigen, die sich längst abgewandt haben vom Schmerz der anderen und von aller menschlichen Ungerechtigkeit; die Machtmenschen, die auf ihren Vorteil bedacht sind, die Blender und Betrüger. Da ist gar nichts Märchenhaftes an denen, die sind vielmehr grauenhaft, und ich bekomme eine Gänsehaut, wenn ich von denen lese und höre. Unmenschlichkeit, Gefühllosigkeit – die gibt es im Schwarzwald und in Deutschland und überall, wo Menschen sich verhärten, wo

Menschen hartherzig und gnadenlos sind, wo sie ihre Mitmenschen verachten.

Steinerne Herzen – manchmal denk ich ja, die haben nur die anderen! Und ich selbst? Ezechiel, der hebräische Prophet, der erzählt keine Märchen von anderen, der sagt – in Gottes Namen: Ihr! »Ihr«, das ist zuerst das Volk Israel, und das sind wir. Gott sagt nicht: »Schau dir bloß den Kohlenmunkpeter an, schüttle empört das Haupt und staune über den langen Schlurker!« – nein, Gott sagt: »Du! Du, achte auf dein eigenes Herz!«

Wie steht's, liebe Gemeinde, um unsere Herzen?

Also, so ganz hartherzig, kalten Herzens sind wir auf den ersten Blick sicher nicht, wir wären auch viel zu höflich dazu. So unverfroren sind wir nicht, das ist nicht kirchlicher Stil – und, ganz ohne Ironie gesagt, natürlich sind wir alle bemüht, nicht herzlos zu sein.

Aber schau ich ganz ehrlich in mich hinein, lass ich mir das »Du« von Gott wirklich gesagt sein, dann stelle ich schon fest: Da gibt es Ecken meines Herzens, die sind durchaus sehr hart; es gibt sie bei mir auch: die Nischen der Gefühllosigkeit, die Kammern der Gleichgültigkeit, die Winkel der Vorurteile.

Sie bedenken es bitte für sich selbst; ich muss für mich sagen: Mein Herz ist steinern als Ganzes wohl nicht – aber da gibt es Stellen, die sind steinhart. Das ist so, wenn ich ehrlich bin.

Und das ist so, weil Verbitterung mich verhärtet hat, weil eine Verletzung zu einer harten Narbe geworden ist, weil ich manchmal vor Zorn nicht an mich halten kann, weil ich mich manchmal lieber hart mache, als mich wieder verletzen zu lassen, weil ich gegen bestes Wissen und gegen allen Vorsatz doch Vorurteile hege.

Beim Kartenspiel sagt der dicke Ezechiel einmal: »Das ist ja gerade das Bequeme an unseren kalten Herzen, dass uns keine Furcht befällt …«

Sie kennen das vermutlich auch, und mancher Konflikt in Stadt und Dorf, in Familien und Institutionen lehrt das: Die Versteinerung, die Hartherzigkeit, Gefühllosigkeit, Gleichgültigkeit, Vorurteile – das sind schlimme, schlimme Krankheiten des Herzens, und kein Bypass ist da, der Abhilfe schafft. Wir leiden darunter durchaus, und es kann ein Leiden zum Tode sein.

Wissen Sie, was ihn rettet, den Peter Munk, was ihm hilft, sein blutwarmes Herz wieder zu erlangen? Es ist die Stimme seiner Frau, von Lisbeth, der Schönsten und Tugendsamsten im ganzen schwarzen Wald, die der Munkepeter mit der Peitsche erschlägt, weil sie einer Armen gegenüber barmherzig ist. Aus dem Jenseits kommt Lisbeths Stimme und ruft – durch die Mauern um Peters Herz hindurch: »Peter, schaff dir ein wärmeres Herz!« Die Stimme einer ganz unverdienten Liebe rettet ihn, einer Liebe, die selbst über den Tod hinaus nicht verstummt, die sogar ein steinernes Herz anrührt, die an der Härte eines Herzens nicht zerschellt, die dieses Herz erweicht. Es ist eine Stimme zum Steinerweichen!

Die Stimme einer Liebe. Es ist ja nichts anderes, was wir zu hören bekommen beim Propheten Ezechiel, die Stimme der Liebe unseres Gottes. Diese Stimme beschließt: »Ich will das steinerne Herz aus eurem Fleisch wegnehmen und euch ein fleischernes Herz geben!« Hier hat das Märchen übrigens ein End. Der Kohlenmunkpeter muss sich sein lebendiges Herz zurückerschleichen mit einer famosen, schwarzwaldbauernschlauen List. So geht das bei uns in der Regel nicht.

Die Verletzungen unserer Herzen können wir nicht selbst heilen, die Angst und die Mutlosigkeit, die die Nischen und Ecken unserer Herzen verhärten, die können wir nicht selbst vertreiben. Uns selbst gut zureden, uns selbst Hoffnung zusprechen, das führt nicht zum Ziel. Ein anderer muss das tun, und ein anderer, Gott, tut es auch: Gott spricht uns zu, dass er uns heilt, dass er die Furcht vertreibt, dass er die Vorurteile in Rücksicht wandelt und den Zorn in Tatkraft und Zuwendung. Gott spricht es uns zu, Gott redet uns gut zu.

Da geht es uns besser als dem Peter Munk. Der konnte sich seiner Sache nicht so sicher sein; dem Holländer Michel, diesem Riesen, einen Bären aufzubinden, das ist kein leichtes Spiel, und am Ende ist Peter gerade so mit dem Leben davongekommen. Wir werden mit dem Leben davonkommen, aber mit einem Leben in Fülle, wie Jesus es verspricht: beglückt, geheilt, befreit von Steinen und Mauern und Felsen. Gerade, weil es nicht in unserer Hand liegt, weil wir für ein fleischernes, ein lebendiges, ein liebendes Herz nicht selbst sorgen können und nicht müssen, gerade deshalb kommen wir gut davon, mit heiler Haut und geheilter Seele.

Ist das so? Ja, das ist so, weil Gott sagt: »Ich will!« »Ich will!« Den Unterschied von Wollen und Tun, von Vorsatz und Ausführung, den gibt es bei Gott nicht; will Gott, dann zögert er nicht, es zu tun. Gott will heilen, also sind wir geheilt; Gott will unser Herz erweichen, also sind unsere Herzen warm und liebesfähig; Gott will die Mauern niederreißen und die harten Winkel aufbrechen, also sind wir frei und wir brauchen uns nicht mehr zu verhärten.

Das ist uns gegeben, liebe Gemeinde, auch für dieses neue Jahr, für jeden Tag darin. Darum mögen Furcht, Verbitterung und Vorurteil wohl da sein und uns bedrängen, darum mag die Angst uns wohl locken, unsere Herzen hart zu machen – gelingen muss es ihnen nicht. Wir sind geborgen in dem Gott, der uns liebt, der sich uns herzlich zugewandt hat, der warmherzig schaut nach uns – so müssen wir uns nicht verschließen.

Das ist nichts Neues, liebe Gemeinde, aber das macht uns Mut, jeden Tag neu!

Amen

Jahreswechsel

Meditationen

Ein leiser Anfang

Mit einem Pfiff beginnt ein Fußballspiel, mit einem bisweilen garstigen Klingeln die Schulstunde. Mit der Eurovisionsmelodie die Familienshow am Samstagabend (»Daramm-damm-da-damm-daram-damm, daram-da-da-damm-damm, daradadadada-damm ...« – hab mich schlau gemacht: Das ist der Anfang des »Te Deum« von Marc-Antoine Charpentier, 1670), jedenfalls früher mal, und mit Geratter und Gebrüll der Aufbruch einer Asphaltdecke. Der 100-Meter-Lauf fängt mit einem Knall an und der Gottesdienst mit vollem Geläut. Wenn was anhebt, beginnt, sich aufmacht, dann scheint das oft genug mit Laut und Lärm verbunden.

Nicht immer: Das Jahr, dieses neue Jahr, das fängt an ... mit Stille. Nein, nicht nur, weil 2021/2022 in der Pandemie das Böllern verboten ist – es ist auch ein Irrtum, zu glauben, das Getöse zum Jahresende sei ein Willkommen für das neue; da werden nur die Geister des alten vertrieben (was in der Regel nicht gelingt) –, nein, vielmehr, weil das neue Jahr ganz leise, schweigsam geradezu daherkommt. Wir kennen das Neue noch nicht, es spricht noch nicht, wir warten noch – und wer wartet, spitzt die Ohren, schaut und lauscht, ob er oder sie etwas erhaschen könnte von der Zukunft, die noch aussteht, aber schon im Kommen ist.

Natürlich, wir ahnen etwas von der Zukunft, wir ahnen, dass die Pandemie uns noch viele Jahre beschäftigen wird, dass die Welt so unruhig sein wird, wie sie es immer war; wir können uns ausmalen, dass das Klima uns hitzig davonlaufen wird, wenn wir nicht eilends die richtigen Entscheidungen treffen, und wir schleppen persönlich manche Last mit uns, die über den Jahreswechsel nicht leichter geworden ist. Das eine oder andere macht uns Angst: Kriege und Kriegsgefahr, Menschenverachtung, Hassrede. Aber wir ahnen nur, wir wissen nicht, wissen geht nur in der Rückschau. Darum ist es still ums Neue im neuen Jahr.

In die bisweilen ratlose Stille hinein spricht ein Satz, den ich sehr ermutigend finde, ein alter Satz, aus der Rückschau: »Durch Stille-Sein und Hoffen werdet ihr stark sein!« So sagt Gott das durch den Mund des Propheten Jesaja (30,15); ich höre es als Rat, nicht als Forderung, sondern als Versprechen: »Lasst euch ein auf diese Stille. Sie zeigt an, dass die Zukunft offen ist. Ihr kennt sie nicht, aber hofft nur kräftig, dass euch zukommt, was ihr braucht, was der Welt vonnöten ist.« Stille-Sein und Hoffen, Lauschen und Aufmerksam-Sein, das sind offene Haltungen – wie ausgestreckte Hände, wie weit geöffnete Augen, wie aufgeschlossene Herzen, in Erwartung dessen, was die Zukunft bringt. Eine Zukunft, die uns von Gott her zukommt.

Leise, ohne Knall und Krach, aber kraftvoll.

Des Jahres Last. Besinnung

Liedzeile:
Der du die Zeit in Händen hast,
Gott, nimm auch dieses Jahres Last.
(nach EG 64,1)

Des Jahres Last,
an der wir tragen:
die Toten auf den Schlachtfeldern,
die Verletzten, Entstellten,
die von Bomben Zerrissenen,
die Erschossenen.

Des Jahres Last,
an der wir tragen:
die Verängstigten in Luftschutzkellern,
die Frierenden, ohne Wasser und Strom,
die Herumirrenden,
die ihr Haus nicht mehr finden,
die Tochter, die Mutter vermissen.

Der du die Zeit in Händen hast ...

Des Jahres Last,
an der wir tragen:
die auf der Flucht,
die ihre Hoffnung auf ein Schlauchboot setzen,
umsonst,
die Kinder, die Jungen,
die ohne Eltern auf dem Weg sind,
die an Grenzen Abgewiesenen,
Opfer von Gewalt.

Die Last des Jahres,
an der wir tragen:
die Unwillkommenen,
die verachtet werden,
deren Hoffnungen zerbrochen sind,
die nicht wissen, wohin.

Der du die Zeit in Händen hast …

Die Last des Jahres,
an der wir tragen:
die in ihrer Sucht Gefangenen,
die sich selbst nicht zu helfen wissen,
die verstummt sind
vor Schmerz und Einsamkeit.

Die Last des Jahres,
an der wir tragen:
die müde Gewordenen,
deren Seelen erschöpft sind,
die zum Tode Erkrankten,
die Sterbenden ohne Zuversicht,
die Verlassenen.

Der du die Zeit in Händen hast …

Die Last des Jahres,
an der wir tragen:
die brennenden Wälder,
die sterbenden Meere,
all unsere Sorge,
unsere Hilflosigkeit.

Die Last des Jahres,
an der wir tragen:
unser mangelnder Mut,
die Macht der Gleichgültigkeit,
die Furcht um Menschenwürde und Recht,
die fehlende Kraft unserer Hände.

Liedstrophe:
Der du die Zeit in Händen hast,
Gott, nimm auch dieses Jahres Last,
Gott, nimm auch dieses Jahres Last
und wandle sie in Segen,
und wandle sie in Segen,
und wandle sie in Segen!
(nach EG 64,1)

Gott, nimm auch dieses Jahres Last –
und wandle sie in Segen!
Denn:

Liedstrophen:
Wer ist hier, der vor dir besteht?
Der Mensch, sein Tag, sein Werk vergeht;
nur du allein wirst bleiben.

Nur Gottes Jahr währt für und für,
drum kehre jeden Tag zu dir,
weil wir im Winde treiben.
(EG 64,3)

Der du allein der Ewge heißt
und Anfang, Ziel und Mitte weißt
im Fluge unsrer Zeiten:
Bleib du uns gnädig zugewandt
und führe uns an deiner Hand,
damit wir sicher schreiten.
(EG 64,6)

Zum neuen Jahre. Ein Neujahrslied von Johann Peter Hebel

Mit der Freude zieht der Schmerz
traulich durch die Zeiten.
Schwere Stürme, milde Weste,
bange Sorgen, frohe Feste
wandeln sich zur Seiten.

Mit dem Schmerz vertraut.
Der mir wie ein Bruder ist,
an meiner Seite.
Ich leide ihn nicht,
ich lasse ihn –
gewähren.
Er schärft die Sinne,
wie Sturm und Sorge.
Sie helfen aufmerken,
achtsam sein.
Das Licht zeigt sich am Schatten,
das Fest wächst aus der Trauer,
aus der Klage das Glück.

Und wo eine Träne fällt,
blüht auch eine Rose.
Schon gemischt, noch eh wir´s bitten,
ist für Thronen und für Hütten
Schmerz und Lust im Lose.

Und seh ich andere an,
achte ich auf Schritt und Schicksal
der Menschen um mich her.
Uns allen ist's angerichtet:
Freud und Leid, Last und Lust,
das eine nicht ohne das andere.

War's nicht so im alten Jahr?
Wird's im neuen enden?
Sonnen wallen auf und nieder,
Wolken gehn und kommen wieder,
und kein Wunsch wird's wenden.

So war es, so wird es sein.
Das Alte gab zu tragen,
das Neue fügt Lasten hinzu.
Das Alte gab zu lachen,
das Neue hält Schönheit bereit.
Wunden wurden geschlagen,
es wird neue geben,
Vertrauen hat sich bewährt,
ich gehe gelassen voran.

Gebe denn, der über uns
wägt mit rechter Waage,
jedem Sinn für seine Freuden,
jedem Mut für seine Leiden
in die neuen Tage.

Jedem auf des Lebens Pfad
einen Freund zur Seite,
ein zufriedenes Gemüte
und zu stiller Herzensgüte
Hoffnung ins Geleite.

Zum Freund
hat er sich selbst gegeben,
er geht die Wege mit.
Ich bleibe nicht ohne Geleit,
er reicht mir die Hand
und lässt mich frei dabei.

(Das Neujahrslied von Johann Peter Hebel wurde von Felix Mendelssohn-Bartholdy vertont und kann leicht auch gesungen werden.
Siehe: www.deutschlandlese.de/streifzuege/lieder/neujahrslieder/neujahrslied)

Zauberhaft?
Zu Hermann Hesse, Stufen

Er war ja – eine Zeitlang jedenfalls – einer vom Bodensee, was ihn mir sympathisch macht. Aber trotzdem: Ich kann's nicht mehr hören. Zu oft habe ich es gelesen und vorgetragen bekommen, erschlossen hat es sich mir nie. Ich hoffe, ich verletze nun niemanden, die oder der ihm viel abgewinnen kann – das will ich nicht schmälern.

Ich persönlich hab jedenfalls genug davon.

Ich spreche von Herrmann Hesse, den ich schätze, und seinem Gedicht »Stufen«:

Wie jede Blüte welkt und jede Jugend
Dem Alter weicht, blüht jede Lebensstufe,
Blüht jede Weisheit auch und jede Tugend
Zu ihrer Zeit und darf nicht ewig dauern.
Es muß das Herz bei jedem Lebensrufe
Bereit zum Abschied sein und Neubeginne,
Um sich in Tapferkeit und ohne Trauern
In andre, neue Bindungen zu geben.
Und jedem Anfang wohnt ein Zauber inne,
Der uns beschützt und der uns hilft, zu leben.

Wir sollen heiter Raum um Raum durchschreiten,
An keinem wie an einer Heimat hängen,
Der Weltgeist will nicht fesseln uns und engen,
Er will uns Stuf' um Stufe heben, weiten.
Kaum sind wir heimisch einem Lebenskreise
Und traulich eingewohnt, so droht Erschlaffen,
Nur wer bereit zu Aufbruch ist und Reise,
Mag lähmender Gewöhnung sich entraffen.

Es wird vielleicht auch noch die Todesstunde
Uns neuen Räumen jung entgegen senden,
Des Lebens Ruf an uns wird niemals enden...
Wohlan denn, Herz, nimm Abschied und gesunde!

Und ich kann es nicht mehr hören. Vor allem seine poetische Mitte nicht, die vorletzte Zeile der ersten Strophe, die für Poesiealben und Sinnspruchkalender geschrieben zu sein scheint:

»Und jedem Anfang wohnt ein Zauber inne.«

Hä? Mal ehrlich: ein Zauber?

Was soll die Geheimniskrämerei, das Hokuspokus? Ein Zauber? Ich kenne eine Menge Anfänge, die sind alles andere als zauberhaft. Über dem Beginn des Angriffskrieges gegen die Ukraine lag kein Zauber, sondern Lärm, Rauchwolken, Gewalt und Tod. Der Anfang einer Krankheit kann weh tun und Schrecken liegt darauf; wenn ein Streit anhebt, kriegen die Zauberer ein hässliches Gesicht; und am Anfang des Sterbens stehen Abschied und Trauer.

Jedem Anfang wohnt ein Zauber inne? Mir klingt das zu schön, um wahr zu sein.

Jetzt gilt es anzufangen, ein neues Jahr, neue Gelegenheiten und Herausforderungen sind zu gestalten und zu bewältigen. Und dieses Gestalten hat mit Zauberei recht wenig zu tun, da braucht es Hand- und Herz- und Kopfarbeit, ganz ohne Zauberstab.

Hermann Hesse in allen Ehren und seine Dichtkunst sei gelobt – aber die Bibel geht mit Anfängen ganz anders um. Am Anfang, sagt sie, war kein Zauber, am Anfang war: das Wort.

Und das hieß nicht: »Abrakadabra Simsalabim«, nicht »Hex-Hex« oder »Expecto Patronum«, wie Potters Harry das gelernt hat. Ich war noch nie ein Zauberlehrling, aber ich weiß von Altmeister Goethe, dass da einiges schiefgehen kann!

Am Anfang – das Wort. Genauer eigentlich: Am Anfang – ein Name. Jesus Christus.

Darauf will der erste Satz des Johannesevangeliums hinaus: In ihm, in Christus, wird Gottes Wort Fleisch, bekommt es Hand und Fuß, Herz und Verstand, offene Ohren und einen weiten Blick, tragfähige Schultern. All die Worte, die Gott für uns hat: »Fürchte dich nicht!«, »Sei getrost und unverzagt!«, »Ich bin bei euch!« – all diese Worte bündeln sich in diesem einen Namen: Christus. Und Christus heißt: »Ich, Gott, stehe selbst dafür ein; ich stehe zu meinen Worten; die Menschenwelt, in die hinein ich spreche, die ist mir nicht fremd. Wo ihr seid, und wo es nicht zauberhaft zugeht bisweilen, da bin ich auch. Eure Welt ist meine Welt, und eure Last ist meine.«

Da ist keine Geheimniskrämerei, kein Mummenschanz, Gott sagt's, und es gilt, Gottes verlässliches Wort.

Am Anfang eines Jahres hören wir, bevor wir nach dem Gottesdienst die Wege betreten, die uns durchs Jahr führen, am Anfang hören wir Segensworte: »Gott segne dich und behüte dich …« Auch das sind keine Zauberworte, die noch ein wenig Brimborium brauchen und mystische Hintergrundmusik, damit sie wirken, gerne spektakulär. Nein, Gott sagt's einfach: »Hier bin ich, an eurer Seite. Und die Schritte, die ihr geht, geh ich mit.«

Ehrlich gesagt bin ich ganz froh, dass es bei Gott so einfach zugeht. Mir fehlt nämlich der zauberische Ernst und das zauberische Outfit sowieso, ein schlichter Talar reicht da erfahrungsgemäß ja nicht. Aber Gott ist halt kein Magier, kein Illusionist, er spricht seinen Segen menschlich aus – und was es braucht, um ihn zu empfangen ist nur: das Herz auftun, die Augen und die Ohren, sich dem Wort überlassen, das dir zugesprochen wird. Es ist ein Wort, das tragen kann.

Aber ist das nicht doch zauberhaft?

Hermann Hesse schreibt in den »Stufen«, dass da einer sei, »der uns beschützt und der uns hilft, zu leben«. Na, wo er recht hat, der schwäbische Bruder, da hat recht. Und doch: Es ist nicht zauberhaft, es ist: einfach nur wahr.

Jahreswechsel

Gebete

Bleib mir treu

Mein Gott, bleib mir treu,
wenn die Jahre wechseln
und meine Kraft abnimmt.
Bleib mir treu,
wenn die Wochen fortziehen
und ich außer Atem gerate.
Bleib mir treu,
wenn die Tage fliehen
und mit ihnen mein Lebensmut.
Bleib mir treu,
wenn die Stunden dahinfließen
und ich sie nicht mehr zählen kann.
Wenn du mir treu bleibst,
dann stört mich meine Schwäche nicht,
dann atme ich durch,
dann weiß ich meine Zeit geborgen,
dann kann ich auf dich zählen.
Bleib mir treu, mein Gott.

Das alte Jahr, das neue Jahr

Das alte Jahr liegt hinter mir,
mein Gott,
wie ein langer Weg.

Es ist anstrengend gewesen,
manchmal taten die Beine weh
vom Wandern ohne Ziel.
Ich habe mich verirrt, immer wieder.
    Es ist beglückend gewesen,
    ich habe Freunde getroffen am Wegesrand,
    und wenn ich Rast machen wollte,
    stand eine Bank bereit.

Oft musste ich über Felsen klettern,
durch dunkle Täler streifen,
ab und zu waren die Schuhe verschlissen
und ich holte mir schmerzhafte Blasen.
    Über heitere Ebenen bin ich geschritten,
    durch duftende Wiesen
    und bunte blühende Gärten,
    die mich empfingen und willkommen hießen.

Das neue Jahr liegt vor mir,
mein Gott,
wie ein weites Feld.

Wenn ich es vorsichtig betrete
kann es sumpfig sein,
so dass ich rutsche und falle,
oder versinke im Dreck und nicht vorankomme.
    Oder es wird mich begrüßen
    wie einen lang vermissten Gast,
    und Wege werden sich auftun vor mir,
    die ich mit Lust beschreite.

Wenn mein Blick über den Acker geht,
sehe ich vielleicht seine Grenze nicht –
ich wage es nicht, meinen Fuß daraufzusetzen,
ich verharre und friere in meiner Angst.
    Oder er tut sich fruchtbar vor mir auf,
    lädt mich freundlich ein,
    meine Saat auszubringen.
    Und es verheißt eine große Ernte.

Das alte Jahr – du bist es mit mir gegangen.
Das neue Jahr – du wirst es mit mir gehen.

Jahreswechsel

Gedichte

was soll ich feiern
vom alten jahr das
habe ich vergessen

was soll ich feiern
im neuen jahr das
weiß ich noch nicht

dass nichts bleiben muss
dass noch erwartet werden kann
das
will ich feiern

es wird grüne keime
geben
sprösslinge bunte blüten
und große frucht

du aber

entscheide ob
du ein feld sein willst
oder der garten

was ich eintausche

ich tausche
den brennenden schmerz
die tiefe wunde
die herbe enttäuschung
den fehlenden mut
die unbeantwortete frage
das hilflose schweigen
die vielzahl der tränen

gegen
die sehnsucht
geheilt zu werden
mut zu finden
lieder zu hören
lachen zu können
nächte zu bestehen
gehört zu werden
atem zu holen

wer mag tauschen mit mir

blick vom berg

dein aussichts
los führt dich auf wege
die du erst kennst wenn
die weite sich auftut
wenn der horizont
sich breitet
hell

vom jahr das geht
bleibt ein lachen
bleibt ein stein
bleiben federn
und ein schmerz

im jahr das kommt
wird ein lachen
wird ein stein
werden federn
und ein schmerz

Jahreswechsel

Erzählung

Wie das Jahr zur ersten Stunde kam

Menschen meinen, jede Stunde entstehe und vergehe immer gleich, weil sie Stunden nach Minuten und Sekunden messen und auf ihre Uhren starren, wenn sie sehen möchten, wie die Zeit voranschreitet. Doch das ist weit gefehlt. In Wahrheit hat jede Stunde ihre ganz eigene Zeit, die schnell verfliegen kann oder dahinschlendern, je nachdem, von welcher Art die Stunde ist. Es gibt leere und gefüllte Stunden, es gibt die dunklen, die streng schauen, und die heiteren, die lachen. Es gibt Stunden, die bestehen aus lauter vergänglichen Momenten, und solche, deren Gedenken gefeiert wird. Wie es bei den Menschen auch ist: Keine Stunde gleicht der anderen.

Im Reich der Zeit, der Jahre und Tage hat jede Stunde eines Jahres, eines Jahrzehnts oder eines Jahrhunderts eine Aufgabe, die nur ihr zugeteilt ist, die nur sie allein erfüllen kann – das wissen die Stunden, darum neiden sie den großen Stunden ihre Größe nicht, den süßen ihre Süße nicht und den erfreulichen nicht ihre Freude. Ist doch jede einmalig und unverwechselbar. Im Jahreslauf hat jede Stunde ihren Ort und Platz, hat jede ihre Bestimmung. Als Frühlingsstunde, als Sommernachmittagsstunde, als goldene Stunde im Herbst, als warme oder kalte im Winter, als Morgen-, Mittags-, Abendstunde, als Mußestunde oder Stunde von Entscheidungen. Jede hat ihre Farbe, ihren Geschmack, ihr Lied.

Das war freilich nicht immer so! Etliche Ewigkeiten ist es wohl her, da fehlte dem Jahr eine Stunde, denn keine fühlte sich berufen und war bereit, die erste zu sein. Denn die erste zu sein ist eine hohe Verantwortung, die mag schwer auf den Schultern lasten. Die erste Schulstunde ist voller Erwartungen und etwas Furcht, die erste Schäferstunde ist zärtlich, die erste Stunde der Nacht ist mild und leistet die ernste Arbeit der Übergänge – wie es auch die erste Stunde des Tages tut. Eine erste Stunde zu sein ist kein Leichtes; die erste Stunde des Jahres zu sein muss gar schwer sein.

Dachten bei sich zeitauf zeitab viele Stunden, alle achttausendsiebenhundertundneunundfünfzig Stunden des Jahres mochten nicht an die erste Stelle rücken, weil sie die Verantwortung fürchteten. Nun gab es neben den Stunden des Jahres noch andere, deren Aufgaben nicht gleich festgelegt waren: Überstunden, Mußestunden, verlorene Stunden, Hohl- und Freistunden etwa – und die waren nicht wenige. Als sich für den Jahresanfang keine erste Stunde fand, fühlte sich der Rat der Zeit genötigt, die Stelle der ersten Stunde auszuschreiben, um sie mit einer geeigneten, charakterstarken und fähigen Stunde zu besetzen.

Der Rat der Zeit ist die Regierung der Stunden, die dem Herrn der Zeit und dem Volke der Stunden verantwortlich ist. Er wird alle vier Äonen von allen Stunden der Tage, Wochen und Jahre gewählt und ist besetzt mit den honorigsten und weisesten Stunden: der blauen Stunde und der Sternstunde, der Sperrstunde und der Stunde der Entscheidung, der Geburts- und der Todesstunde und mit der Schulstunde, denn der Rat legt auf Bildung großen Wert.

Tatsächlich hat der Rat der Zeit ja alle Zeit der Welt, so dass er sich mit der Ausschreibung viel Zeit ließ und etliche Sitzungsstunden darauf verwendete. Als sie schließlich von den Stundenschlägen der Turmuhren durch die Welt geläutet wurden, fanden sich rasch Kandidatinnen ein. Offensichtlich gab es nicht wenige Stunden, die sich verändern wollten, weil sie ihres bisherigen Stundenpensums überdrüssig geworden waren oder weil sie sich in ihrer derzeitigen Aufgabe nicht wohlfühlten. Wieder besprach sich der Rat der Zeit und holte sich zur Beratung noch die Stunde der Wahrheit, die Musikstunde und die aktuelle Stunde dazu. Eine Zeit lang sichteten sie die Bewerbungen, Stunde um Stunde wurde bedacht und verworfen, bis am Ende – die Dauer des Bedenkens lässt sich in Stunden gar nicht zählen – fünf Stunden übrig waren, die zu Vorstellung und Gespräch geladen wurden. Nacheinander wurden sie in den Sitzungssaal des Rates gerufen, wo die Räte unter einem großen Pendel saßen, an einem großen Tisch, ein jedes Ratsmitglied hatte ein gut gefülltes Stundenglas vor sich, aus dem die Ratsstunden hin und wieder einen kräftigen Schluck tranken. Im Vorraum des Saales warteten die Stunden, die ausgewählt worden waren, bis sie hereingerufen wurden. Sie mussten auf einem Schemel Platz nehmen und wurden nicht unfreundlich, aber streng befragt.

»Was hat für dich, wenn du die erste Stunde des Jahres würdest, die Stunde geschlagen?« Diese Frage war für alle Stunden gleich.

Die erste Kandidatin betrat schwungvoll die Ratsstube, ließ sich mit ein wenig Getöse auf dem Hocker nieder und lachte über das ganze Gesicht. »Ich bin eine lustige Stunde. Wenn ihr den Mumm habt, das Jahr mit mir zu beginnen, wird es ein fröhliches sein. Und nur die heiteren Stunden werden gezählt.«

Kandidatin Nummer Zwei ging gemessenen Schrittes zum Ratstisch und nahm erst gar nicht Platz. »Die Stunde der Wahl, werte Ratsstunden, muss eine ernste sein. Welche ich bin, die ich strengen Blickes ins Jahr schaue, das niemand auf die leichte Schulter nehmen soll. Dem einen oder anderen wird das letzte Stündlein schlagen, daran soll die erste Stunde gemahnen.« Sprach es und ging sogleich wieder, einen kühlen Hauch hinterlassend.

Kaum zu bemerken war die dritte Kandidatin, die auf leisen Sohlen vor die Ratsstunden schlich und im Flüsterton mitteilte, dass sie eine stille, sehr stille Stunde sei – und dass das Jahr doch mit tiefem Schweigen und ohne Klang und Knall beginnen müsse, als eine rechte Betstunde. Denn alle Zeit sei gestundete Zeit, fügte sie nur halb vernehmbar hinzu. Die weisen Stunden im Rat mussten arg ihre Ohren spitzen. Und wurden ungehalten darüber.

So dass ihnen die vierte Kandidatin nicht unrecht war, die schon eintrat, als die Flüsterstunde den Raum gerade eben verlassen hatte. »Nein, nein, werte Räte, es braucht Tanzstunden im Stundentakt, es braucht Vesperstunden und Stundenrekorde zum Stundenlohn. Das Jahr muss mit Verve begonnen werden, zur guten Geisterstunde mit Lärm und Kettengerassel.«

Nun klingelten den Ratsstunden die Ohren und sie wurden unzufrieden mit ihrer Auswahl, die doch wohl ohne einen guten Stundenplan getroffen worden war. Fast hätten sie die Suche nach einer angemessenen ersten Stunde im Jahr abgebrochen, aus Unlust und Ernüchterung; da fiel ihnen ein, dass doch noch eine auf dem Stundenzettel stand, dass draußen noch eine Kandidatin wartete. Und der wollten sie noch eine Chance geben.

Es trat eine ruhige Stunde ein, ohne viel Aufhebens. Mit offenem Blick schaute sie die Ratsstunden an, und sprach mit fester Stimme, doch zurückhaltend: »Verzeiht, ihr erlauchten Stunden, ich weiß nicht, was für eine erste Stunde ich sein würde. Doch bin ich neugierig, was aus mir werden soll, und bin ich erwartungsvoll, denn noch kein Jahr ist ohne Überraschungen geblieben. Ich bin die Stunde, die sich öffnet, die sich nicht ängstigt vor dem Unbekannten. Und ich bin die Stunde der Erinnerung, denn wie das alte Jahr das Gute und das Schwere kennt – die letzte Stunde des Jahres hat mir das erzählt –, so wird auch das neue Glück und Tränen kennen. Die Stunde des Wagemutes bin ich, und ich glaube, dass ein neues Jahr mich braucht.«

Blaue Stunde und Sternstunde, Sperrstunde und Stunde der Entscheidung, Geburts- und Todesstunde und die Schulstunde auch – sie kamen nicht umhin, der Kandidatin zuzustimmen.

Erleichtert, doch noch eine passende Stunde gefunden zu haben, gratulierten sie der zukunftsoffenen Stunde und ernannten sie zur ersten Stunde des Jahres.

Seither ist die erste Stunde eines jeden Jahres eine Stunde der Hoffnung, und wer sie bewusst begeht und in sie hineinlauscht, der hört sie sprechen: »Öffne dich für Überraschungen, bleib erwartungsvoll!«

Dem Herrn der Zeiten, der die Stunden zählt und kennt, gefällt das wohl.

Epiphanias

Epiphanias
Gottesdienste

Ein schöner Rücken. Gottesdienst zum Epiphaniastag

Orgelvorspiel

Votum – **Amen**

Begrüßung:
Sehr herzlich begrüße ich Sie und euch heute Morgen zu unserem Gottesdienst zum Epiphaniastag – es ist mir eine Freude, Sie und euch zu sehen. Gott zu sehen, das ist irgendwie nicht immer eine Freude, dazu nachher mehr!

Lied: Du Morgenstern, du Licht vom Licht … (EG 74,1-3)

Der Gott, der an uns denkt und der lächelt dabei, unser Gott, der sei mit euch – **und mit deinem Geist**

Zwischengesang:
Nun danket all und bringet Ehr,
ihr Menschen in der Welt,
dem, dessen Lob der Engel Heer
im Himmel stets vermeldt.
(EG 322,1)

Dankt unserem Gott und ruft seinen Namen;
verkündigt sein Tun unter den Völkern!
Singt und spielt ihm,
redet von allen seinen Wundern!
Rühmt seinen heiligen Namen;
es freue sich das Herz derer, die Gott suchen!
Fragt nach Gott und nach seinem Tun,
sucht sein Antlitz allezeit!

Ermuntert euch und singt mit Schall
Gott, unserm höchsten Gut,
der seine Wunder überall
und große Dinge tut.
(EG 322,2)

Gedenkt seiner Wunderwerke, die er getan hat,
seiner Zeichen und der Worte seines Mundes.
Er ist unser Gott,
er bringt alle Welt zurecht.
Er gedenkt ewiglich an seinen Bund,
an das Wort, das er verheißen hat.

Er gebe uns ein fröhlich Herz,
erfrische Geist und Sinn,
und werf all Angst, Furcht, Sorg und Schmerz
in Meeres Tiefe hin.
(EG 322,5)

Freut euch unsres Gottes,
und immer wieder sage ich: Freut euch!

Ehre sei dem Vater ...

Bitte beten Sie mit mir:

Mein Gott, ich freue mich, ich freue mich an dir!
Du Gott des Sonnenaufgangs und der Abendkühle,
du Gott der klirrenden Kälte und der Hitze im August,
du Gott des Tanzes und der Musik
du Gott der Liebenden,
du Gott der singenden Kinder und
der Altersweisen mit dem grauen Haar,
du Gott des stillen Waldes und der lauten Städte,
ich freue mich, ich freue mich an dir!
Und wenn sie getrübt ist, meine Freude,
wenn sich ein Schatten legt auf Stadt und Land,
wenn sich der Unmut auf meine Seele senkt,
dann, mein Gott, dann rufe ich zu dir:
Gott meiner Freude, erbarme dich!

Kyrie eleison ... (EG 178.10)

Gott hört uns und er lässt sich hören,
und das ist es, was Gott uns zusagt:

Kommt her und seht die Werke Gottes,
der so wunderbar ist in seinem Tun an den Menschenkindern!

Ehre sei Gott in der Höhe – **und auf Erden Fried ...**

Lied: In dir ist Freude ... (EG 398,1)

Bitte lassen Sie uns beten miteinander:

Gott, unser Gott, der du dich freust an deiner Schöpfung,
am Spiel deiner Kinder, an der Pracht deiner Welt,

gib uns ein Herz, das Freude sucht,
und das das Glück austeilt, das es gefunden hat.
In deinem Licht beginnen wir
unsere Wege und Jahre,
jeden Schritt und jeden Tag darin.
Hilf uns, einzutauchen in dein Licht!
Das bitten wir dich durch Jesus Christus,
der unser Bruder geworden ist,
und der mit dir und dem Heiligen Geist
lebt und wirkt von Ewigkeit zu Ewigkeit.
Amen

Lesung: Philipper 4,4-7

> *Freuet euch in dem Herrn allewege, und abermals sage ich: Freuet euch!*
> *Eure Güte lasst kund sein allen Menschen! Der Herr ist nahe!*
> *Sorgt euch um nichts, sondern in allen Dingen lasst eure Bitten in Gebet und Flehen mit Danksagung vor Gott kundwerden!*
> *Und der Friede Gottes, der höher ist als alle Vernunft, wird eure Herzen und Sinne in Christus Jesus bewahren.*

Du tust mir kund den Weg zum Leben, vor dir ist Freude die Fülle!
Halleluja

Halleluja ...

Lied: Wie schön leuchtet der Morgenstern ... (EG 70,1.3.4)

Ein schöner Rücken kann auch entzücken
Predigt

Dein Wort, mein Gott, ist meines Fußes Leuchte und ein Licht auf meinem Weg. Amen

Hören wir auf Gottes Wort, aus dem 2. Buch Mose im 33. Kapitel, die Verse 18-23:

> *Und Mose sprach: Lass mich deine Herrlichkeit sehen!*
> *Und er sprach: Ich will vor deinem Angesicht all meine Güte vorübergehen lassen und will vor dir kundtun den Namen Gottes: Wem ich gnädig bin, dem bin ich gnädig, und wessen ich mich erbarme, dessen erbarme ich mich.*
> *Und er sprach weiter: Mein Angesicht kannst du nicht sehen; denn kein Mensch wird leben, der mich sieht.*
> *Und der Gott sprach weiter: Siehe, es ist ein Raum bei mir, da sollst du auf dem Fels stehen.*
> *Wenn dann meine Herrlichkeit vorübergeht, will ich dich in die Felskluft stellen und meine Hand über dir halten, bis ich vorübergegangen bin.*

Heute muss ich einmal ein Geständnis machen, liebe Gemeinde: Ich muss gestehen, dass ich Gott bisweilen lieber von hinten sehe. Das mag überraschend sein an einem Feiertag, an dem es doch gerade darum geht, Gottes Licht, Gottes ganze Herrlichkeit zu schauen. Aber es ist so: Manchmal geht er mir einfach auf den Geist – also: sein überaus Heiliger Geist geht meinem menschlichen und nicht im entferntesten heiligen Geist manchmal auf die Nerven.

Zum Beispiel: Es gibt Tage, da bin ich elendig faul, dann redet er was von Arbeitsethos; ich lache gerne – und mein Humor ist nicht immer völlig salonfähig, dann zieht er pikiert die Stirne kraus; manchmal habe ich eine Sauwut und fluche sogar verhalten, dann kommt er mir mit seinem heiligen Zorn, auf den er wohl allein abonniert ist; und wenn ich mir auch noch einen unkeuschen Gedanken leiste, dann habe ich vor ihm moralisch versagt – und zwar restlos.

In solchen Momenten, naja, so selten sind die nicht, in solchen Momenten möchte ich Gott lieber von hinten sehen. »Mein Gott, lass mich doch in Ruhe, bleib mir vom Leib mit deiner kleinkarierten Gerechtigkeit. Mein Gott, ich bin halt nicht vollkommen, ich leiste mir Fehler und manchmal habe ich sogar Lust drauf, weil ich dann spüre, dass ich lebendig bin. Also geh mir bitte aus den Augen, aus dem Sinn und vor allem: aus dem Gewissen. Oder willst du mir verbieten, ein ganz normaler Mensch zu sein, der sich am Leben freut? Das habe ich ja immerhin von dir höchst selbst, dieses Leben, gell! Komm, schleich dich, dass ich dich von hinten seh!«

Ich brauch Ihnen gewiss nicht extra zu erläutern, dass dieser Streit zwischen mir und diesem Gott Kleinkariert in mir selbst stattfindet. Sie kennen das vermutlich auch: Da wehren sich meine Lebenslust, meine Faulheit, meine Leidenschaft und mein Humor, die wehren sich gegen den überaus moralischen, den streng-gerechten, erbsenzählenden Gott in meiner Seele.

Und da sitzt er ja drin, in meiner Seele, weil meine Eltern mit ihrer kleinbürgerlichen Moral, meine Kirche mit ihrer sittenstrengen Lehre, weil die gesellschaftlichen Maßstäbe und die Schule und die Mode und das Studium und die Freunde und und und ..., weil die alle ihn gebildet, geformt und hineingesetzt haben. Und ich habe selbst auch Hand angelegt und mir meinen Gott zurechtgemacht. Das Ergebnis ist: ein Gott, der mir gestohlen bleiben kann, den ich gerne von hinten seh!

Ab und zu wünsche ich mir im Ernst, noch mal ganz von vorne anfangen zu können mit Gott. Ab und zu wünsche ich mir einen unverstellten Blick, dem keine steinernen Gesetzestafeln oder erhobenen Zeigefinger, keine düsteren Bilder oder dunklen Worte im Wege stehen. Ab und zu wünsche ich mir, Gott neu zu sehen – so wie Mose, hier im Buch Exodus.

Aber der, wenden aufmerksame Hörerinnen und Hörer wohl ein, der hat Gott doch auch nur von hinten gesehen, bloß die Rückansicht, nicht das volle, göttliche Antlitz. Hatte er ja erst vor, so lautete seine Bitte: »Gott, zeig dich mir in deiner ganzen prallen

Herrlichkeit, das bitt ich bescheiden. Und dann kann's weitergehen auf der Wüstenwanderschaft, dann bin ich's zufrieden und meine Leute auch!« Tut Gott aber nicht, er erlaubt nur den Afterblick. Statt Stirne, Brust und Bauch bloß Nacken, Rücken und Gesäß. »Ein schöner Rücken kann auch entzücken!«, lässt Gott den Mose wissen und: »Mose, das genügt!«

Und das stimmt wohl auch, und das ist vielleicht mehr noch, als Mose erbeten hat. Drei Gründe hör ich der Geschichte ab, warum es tatsächlich wunderbar und entzückend ist, Gott von hinten zu sehen: drei gute Gründe. Ich schau mir die Erzählung noch mal genauer an.

Und finde:

Grund 1:

Mose verhandelt mit Gott, kriegt auch seinen Willen, aber Gott legt die Spielregeln fest. »Wenn meine Herrlichkeit vorüberzieht, stelle ich dich in den Felsspalt und halte meine Hand über dich.« Das ist schon eine bemerkenswerte Regel: Das heißt ja, genau gehört, Gott schützt den Mose – vor sich selbst. Er nimmt ihn in Acht vor all den unseligen Gottesbildern: vor dem Richter mit den strengen Augen, vor dem Gott Kleinkariert, der Blitze schleudernd und polternd nach dem Rechten sieht. »Weißt du, Mose, von vorne bin ich nicht auszuhalten«, meint Gott und schützt ihn vor den scheinbar so glasklaren Gotteslehren, vor den starren Bildern und der festgefahrenen Gottesbesserwisserei, vor aller umwerfenden Epiphanie – das heißt »Erscheinung«. »Guck mich von hinten an, Mose, da ist Leben drin, da bewegt sich was!«, sagt der vorüberziehende Gott.

Grund 2:

Gott zieht vorüber. Dann hat, im Bild gesprochen und nach gesundem Menschenverstand, Mose seinen Gott vor sich. Zieht er vorüber, dann zieht er auch schon voran. Der zeternde Zeigefinger- und Donnergott, der ist zwar in mir drin, der ist aber von gestern. Den habe ich erlernt, der ist mir überkommen, der ist ein verharrender Gott. Auf die alten Gebote pocht er, auf das Althergebrachte, das schon immer so war und das sich – angeblich – bewährt hat.

Der Vorüberziehende, der überholt den altvorderen Gott links auf der Schnellspur und lässt ihn rechts liegen.

Und ist er mir voran, dann stößt er mir die Tür auf, dann reißt er die Mauern ein und Horizonte auf, dann stellt er mich, mit dem Psalmwort, das ich liebe, dann stellt er mich »auf weiten Raum«. Zieht er vorüber, geht er voran, so ist die des Mose, so ist meine und Ihre Zukunft göttlich, und auf dem Weg, den wir gehen, sind Gottes Spuren zu finden. Für Israel hieß die Zukunft »Gelobtes Land« und die Spuren hießen »Bewahrung, Zurechtbringen« wieder und wieder, die Zukunft schmeckte nach Wachteln und Manna und frischem Quell. Für uns mögen Gottes Spuren andre Namen tragen und einen anderen Duft verströmen, Gott, der uns vorangeht, ist derselbe.

Grund 3:

Was da an Mose vorüberzieht, das ist keine Feuerflamme und kein Beben, kein Streitwagen voller Engel, kein göttlicher Triumphzug, das ist, erklärt Gott: »meine Herrlichkeit, meine ganze Schönheit«.

Das können Sie mir glauben, Mose hat meinen ganzen Neid. Gottes Macht ist bestimmt beeindruckend, seine Würde ließe mich staunend stehen und seine Größe offenen Munds, seine Hoheit machte mich stumm. Aber ohne die zu sehen kann ich gut sein. Doch Gottes Schönheit, Himmel, wenn ich darauf einmal schauen dürfte, nur einen Augenblick drauf werfen könnt.

Seine Schönheit weckt meine äußerste Neugier, denn Schönheit, die ist nicht bloß staunenswert und eindrücklich, Schönheit ist sinnlich, rührt das Herz an, verwirrt den Verstand, Schönheit dringt in die Seele, macht sie leidenschaftlich und begierig. Schönheit weckt Liebe.

Ich male mir den schönen Rücken Gottes, den Mose entzückt zu Gesicht bekommt, aus: Kräftig mag er gewesen sein, ob männlich, ob weiblich – ich weiß es nicht. Anmutig sicher und doch stark, die Bewegungen fein und gesetzt, aufrecht in jedem Fall und an Nacken, Schultern und Kreuz erkenne ich die Freiheit, mit der der Kopf getragen wird.

Ein allzu menschliches Bild, sicher. Aber »Schönheit« – das ist ein Wort aus menschlichen Sprachen, und Gott spricht es menschlich aus. »Ich bin da, ich bin schön in deinem Leben da, Mensch Mose, Mensch Mensch, ich bin ganz schön da!«, ruft der Vorüberziehende, der Vorangehende, der Schöne.

»Schön da!« und nicht so hässlich wie der überaus moralische, der zeternde Alte, der griesgrämige Richter, der mir in der Seele hockt. Schön ist er da, und er reizt meine Liebe.

Es ist doch kein Wunder, dass Mose da als Strahlemann, mit einem Leuchten ums Haupt, wie die Bibel erzählt, vom Berg seiner Gottesbegegnung gekommen ist. Wer den schönen Rücken schaut, ist entzückt; wer den Vorüberziehenden sieht, der meinen Gott Kleinkariert überholt, wer den Vorausgehenden vor sich hat, der meinen Seelenhocker hinter sich lässt und neue Bilder auftut, wer den Schönen sieht, der den Hässlichen in den Schatten stellt, der hat selbst schöne Aussichten, der wird selber schön.

Wir auch! Moses Geschichte wird ja auch für uns erzählt, für die Strahlemänner und Strahlefrauen, die wir sind. Ich komme nicht umhin, zu wünschen, dass ich Gott immer von hinten sehe.

Amen

Lied: Singt das Lied der Freude über Gott ... (EG 305,1.3.4)

Bitte beten Sie mit uns:

Zwischengesang:
Herr, gib uns deinen Frieden,
gib uns deinen Frieden,

Frieden, gib uns deinen Frieden,
Herr, gib uns deinen Frieden.
(EG 436)

*Liturg*in:*
Das möchten wir gerne, Gott: strahlen.
Darum schauen wir aus nach dir,
darum stehen wir aufrecht
und heben wir unseren Blick –
du gibst uns Grund zur Freude,
du lässt uns lachen.
Sieh uns an, Gott,
leuchte in unsre Zeit.
Wir bitten dich:

Herr, gib uns deinen Frieden …

*Sprecher*in:*
Wir möchten deine Welt gerne erstrahlen sehen, Gott,
dass sie ihre Schönheit entfaltet,
dass sie im Licht deiner Sonne blüht und gedeiht.
Aber du siehst, wie viele Wolken da sind,
Wolken des Krieges, des Hasses, der Gewalt,
die kein Licht durchlassen,
die deine Erde entstellen.
Vertreib die Wolken, Gott,
mach den Horizont auf!
Wir bitten dich:

Herr, gib uns deinen Frieden …

*Liturg*in:*
Wir sehen die vielen, Gott,
die im Dunkeln stehen,
die sich nicht aus ihren Schatten wagen,
weil sie verletzt wurden,
weil das Leben sie enttäuschte,
weil du ihn nicht geantwortet hast,
als sie nach dir riefen.
Hilf ihnen, Gott, zu spüren,
dass du bist mit deinem warmen Licht.
Wir bitten dich:

Herr, gib uns deinen Frieden ...

*Sprecher*in:*
Manchmal, Gott, strahlst du uns zu hell an,
dann sehen wir allzu deutlich,
wo wir gefehlt haben,
wie unvollkommen und gebrochen wir sind,
welche Wunden wir tragen
und wie dunkel es in unsren Seelen sein kann.
Dann hilf, Gott, dass dein Licht uns heilt,
und hilf uns zu glauben,
dass du uns mit Liebe ansiehst.
Wir bitten dich:

Herr, gib uns deinen Frieden ...

*Liturg*in:*
Du strahlst uns an, Gott,
in dein Strahlen hinein sind wir geborgen.

In der Stille sagen wir dir,
was uns persönlich bewegt:
...
(Gebetsstille)

Für alle, die wir lieben,
und für uns selbst bitten wir:

Herr, gib uns deinen Frieden ...

Beten wir miteinander, wie Jesus gebetet hat:
Vaterunser ...

Und der Friede Gottes,
der höher ist als wir es uns vorstellen können und wollen,
als unser Strahlen und Erblassen,
der Friede Gottes bewahre euch Herzen und Sinne
in Christus Jesus.
Amen

Lied: Ach, bleib mit deiner Gnade ... (EG 347,1-4)

*Liturg*in:*
Gott lächelt dir zu – und du strahlst.
Gott hört dich – und du hast einen Freund.
Gott trägt dich – und du fürchtest dich nicht.

So segnet und behütet dich Gott,
der Liebevolle und Lebendige,
der Vater, der Sohn und der Heilige Geist.

Amen, Amen, Amen

Orgelnachspiel

Eingeschränktes Halteverbot. Gottesdienst zum Epiphaniastag (im neuen Jahr)

(In der Kirche Verkehrsschilder aufstellen, gut sichtbar im Altarbereich: absolutes Halteverbot, eingeschränktes Halteverbot)

Orgelvorspiel

Votum – **Amen**

Lied: Jesus ist kommen, Grund ewiger Freude … (EG 66,1.7.8)

Begrüßung:
Seien Sie herzlich willkommen geheißen zu einem Gottesdienst, der innehalten will und der zurückgreift auf alte Zeiten. Der Epiphaniastag, der 6. Januar, ist der älteste Weihnachtstermin, den die Kirche kennt und den die orthodoxen Christinnen und Christen noch feiern.

Der Gott, der uns geschaffen hat, der uns begleitet und bewahrt, unser Gott, der sei mit euch – **und mit deinem Geist**

Freut euch Gottes!
Beten wir im Wechsel miteinander Zeilen nach Psalm 100:

Zwischengesang:
Laudate omnes gentes, laudate Dominum.
Laudate omnes gentes, laudate Dominum.
(EG 181,6)

Freut euch Gottes, Groß und Klein, Schöpfung und Mensch,
schaut aus nach ihm und seid beglückt!
  Sucht und findet ihn mit Leidenschaft,
  erkennt seine Größe und Weite.
Von Gott her kommen wir und nicht aus uns selbst,
zu ihm gehören wir – er achtet auf uns.

Laudate omnes gentes ...

Tretet zu ihm dankbaren Herzens,
sucht ihn auf mit einem Lachen,
  dankt ihm, seid hingerissen!
  Denn Gott ist uns freundlich zugewandt,
seine Nähe ist unverbrüchlich
und seine Lebendigkeit ohne Ende.

Laudate omnes gentes ...

Du bist mein Gott und ich danke dir,
mein Gott, ich will dir singen.

Ehre sei dem Vater ...

Bitte beten Sie mit mir:

Du hast mich gemacht, mein Gott,
so gemacht, wie ich bin:
mit meinen Stärken, meinen Unzulänglichkeiten,
mit all der Lebenslust
und all der Todtraurigkeit,
die in meiner Seele nebeneinanderwohnen.
Du hast mich gemacht
über all die Jahre,
die ich lebe –
und immer noch formst und gestaltest du,
immer noch bin ich im Werden.
Hilf mir, Gott, zu sehen,
wo ich selbst Hand anlegen kann,
wo ich wachsen und mich entfalten kann,
und hilf mir, dir zu vertrauen,
getrost zu leben,
wenn ich mir entgleite.
Ich bin dein, Gott, darum fürchte ich nichts.
Mutig gehe ich durch meine Jahre und Tage, durch meine Zeit.
Ich bitte dich, ermutigender Gott, erbarme dich!

Kyrie eleison ... (EG 178, 9)

Gott hört uns, und er lässt sich hören.
Und das ist es, was Gott uns zusagt:
Wenn ich dich anrufe, Gott, so erhörst du mich,
du gibst meiner Seele große Kraft.

Ehre sei Gott in der Höhe – **und auf Erden Fried ...**

Lied: Wie schön leuchtet der Morgenstern ... (EG 70,1.3.4)

Eingeschränktes Halteverbot
Predigt

Es ist ein Wort ergangen, das geht nun fort und fort, das stillt der Welt Verlangen, wie sonst kein ander Wort. Amen *(Kirchenlied der EMKD © Arno Pötzsch)*

Zum guten Ton, liebe Gemeinde, zum guten Ton gehört es ja schon, am ersten Sonntag im neuen Jahr auf ein Wort des Weges, ein Weg-Wort, zu lauschen. Das Kind liegt in der Krippe, aber noch im Bauch der jungen Mutter musste es wandern, die drei Könige kommen daher, gut bepackt für eine lange Reise, und alsbald wird die kleine Familie fliehen müssen, weil Herodes ihr nach dem Leben trachtet. Da ist wenig still verharrende Beschaulichkeit, Gott ist ein Gott des Weges. Dazu passt ein Satz aus dem Hebräerbrief, der ist Christus in die Wiege gelegt und uns ins Stammbuch geschrieben. Im Hebräerbrief, im 13. Kapitel, heißt es im 14. Vers:

> *»Wir haben hier keine bleibende Stadt,*
> *sondern die zukünftige suchen wir!«*

So ist das also, so gehört sich das für einen Christenmenschen, ganz in der Nachfolge des fliehenden Kindes ohne Raum in der Herberge, des unsteten Wanderers Jesus: Wir sind auf die Ewigkeit verwiesen. Das Leben hier, das ist nur Übergang – ein Jammertal für manch einen, eine Brücke nur für alle. Auf die Ewigkeit kommt es an, auf die »zukünftige« Stadt, alles andere, all die Jahre und Tage, die wir leben zwischen Geburt und Tod, die sind nur Vorgeschichte, Auftakt.

Dieser Gedanke macht mich etwas traurig. Soll das denn heißen, dass all das Schöne, das mir hier widerfährt, all die Liebe, die ich erfahre, alles, was ich entdecke, lerne, was mich wachsen lässt, dass all dies im Grunde keinen Wert hat? Gold, Weihrauch und Myrrhe – die sind irgendwann wohl auch verschwunden, davon ist die Rede nie wieder. Was mir wert und wichtig ist, davon bleibt wohl nichts, weil sich das alles verliert und bedeutungslos wird vor der großen, weiten Ewigkeit? Diese Vorstellung bedrückt mich.

Und atemlos macht sie mich auch. Manche christliche Tradition, der Pietismus zum Beispiel, hat die Konsequenz gezogen, dass ich die Jahre, die ich hier bin, für nichts achten muss. Nach der Ewigkeit muss ich mich ausstrecken, mit Zagen und Zittern dafür sorgen, dass ich dort auch ankomme. Die Ewigkeit vor Augen lebt der rechte Christenmensch im absoluten Halteverbot, wie Sie's hier in der Kirche sehen. »Mit Ernst, o Menschenkinder, das Herz in euch bestellt«, mahnt streng eines unserer Adventslieder – und das, heißt es bei den Frommen, ist die angemessene Haltung für die, die die Ewigkeit erlangen wollen.

Ich weiß nicht, wie es Ihnen geht, aber ich kann das nicht; ich kann nicht ständig leben, als gelte für jeden Tag ein absolutes Halteverbot. Ich brauche meine Pausen, ich muss durchatmen können. Und das ist doch dieses und jenes, das wir genießen können; Glück gibt es und Liebe, Freundschaft, Musik und gute Bücher, Gottes Natur, die uns einlädt, uns dran zu freuen; Zufriedenheit gibt es und Erfahrung, Lebensweisheit und Lebensmut. Ich brauche das und ich will es nicht missen; ich will in dieser Welt, in dieser Zeit nicht unbehaust sein, ich muss auch Heimat darin finden, ab und an brauch ich eine Stadt, eine Stätte darin, da ich gut sein kann.

Will der Hebräerbrief, die Heilige, gestrenge Schrift uns das nun vermiesen, ganz an unseren Bedürfnissen vorbei?

Da muss ich etwas innehalten. Die elf Worte aus dem Hebräerbrief machen's mir nicht leicht, aber dass sie uns traurig machen möchten und atemlos, das glaube ich nicht. Das ist das Interesse der alten Freundin Bibel nie. Hilfe zum Leben will sie sein.

Also lese ich die Zeile noch mal neu:

»Wir haben hier keine bleibende Stadt, sondern die zukünftige suchen wir.« Wenn ich etwas aufmerksamer höre, dann entdecke ich: Da steht nicht »Wir haben hier keine Stadt«. Doch, die haben wir.

Ruhepausen sind uns gegönnt. Wir, die wir Geschöpfe sind, sollen beheimatet sein in Gottes Schöpfung, die er »gut« und »sehr gut« nannte. Wir sollen Glück genießen, leidenschaftlich lieben, unser Menschsein auskosten und aufrecht durch unsere Tage gehen; wir können uns beschenken lassen und selbst schenken, wir brauchen nicht verachten, was uns an Gutem und Schönem gegeben ist. Oh ja, wir haben hier eine Stadt!

Aber: Wir haben keine bleibende. Und das wissen wir auch: Wie rasch kann das Beglückende verfliegen, das Leben stellt uns vor Aufgaben und Herausforderungen, und es wäre fahrlässig oder unverantwortlich, die Hände in den Schoß zu legen. Wir wissen um unsere Endlichkeit und dass der Abschied aus dieser Zeit und dieser Welt ganz gewiss kommt. Wir haben hier keine bleibende Stadt – das könnte zum Verzweifeln sein, und mancher verzagt auch.

Es könnte zum Verzweifeln sein, hätte unser Leben nicht einen viel weiteren Horizont. Den hat es aber: die »zukünftige Stadt«, das »neue Jerusalem«, von dem Johannes in seiner Offenbarung erzählt, in dem Gott mitten unter uns lebt und wir in seiner Nachbarschaft, Haus an Haus, und jeden Tag sehen wir einander und grüßen wir uns freundlich. Die zukünftige Stadt, sie bleibt und in ihr haben wir Bleiberecht – und vertrieben von dort sind nur das Leid und der Tod, der brennende Schmerz und die dunkle Traurigkeit. Das ist der Horizont unseres Lebens, den Gott uns auftut, vor dieser Weite und Größe leben wir, hier und heute.

Im Bild gesprochen, liebe Gemeinde, leben wir im eingeschränkten Halteverbot. Wir müssen nicht immer nur hetzen und fortfahren, immer nur auf »Irgendwann« und »Danneinmal« starren – nein, wir können's genießen, dass wir hier sind, und die Ruhepausen sind uns gegönnt. Aber wir sollen auch nicht verharren und bewegungslos bleiben, wir sollen uns nicht dreinschicken in das Schmerzliche und wir müssen nicht stecken bleiben im Bedrängenden. Wir können noch so gelähmt und gefangen sein, wir können noch so festsitzen und zum Weitergehen schier keine Kraft mehr haben – unser Leben hat doch eine weite Perspektive, einen großen Horizont. Gott stellt unsere Füße auf weiten Raum, das sind wir zu Haus und da können wir ausschreiten.

Ein Wörtlein gibt es in den Sätzen aus dem Hebräerbrief, das ich sehr schätze, das spannt das Leben hier und jetzt und den weiten Horizont, den Gott in Aussicht stellt, zusammen. Das Wort »suchen«. Immer, wenn es in der Bibel vorkommt, stellt uns das Wort »suchen« etwas in Aussicht. Wer sucht, der findet – sagt Jesus ganz unumwunden.

Die Ruhepunkte, die wir brauchen, die Parkplätze im eingeschränkten Haltverbot, das sind die Sehnsuchtsorte, an denen wir etwas spüren davon, dass wir eine bleibende Stadt haben, die in der Zukunft auf uns wartet. Ein gutes Wort, das uns weiterhilft, eine ausgestreckte Hand, eine Melodie, die uns betört, Farbenpracht, die uns bezaubert, das einverständige Schweigen zweier, die sich lieben, eine klare Nacht und Sommerduft, ein Gebet, das mich trägt, ein Blick, der mich anrührt – in diesen Momenten tut sich die Weite auf, in die Gott uns stellt und die auf uns wartet. In diesen Momenten erhält die Sehnsucht Nahrung und sie hört nicht auf, sie sehnt sich und sehnt sich, bis sie Ruhe findet in Gott. Ich denke an den Mann, zu dem das Krippenkind heranwächst, der ein Meister der Stille war, der einen Tropfen Wein nicht verachtete, der auf Hochzeiten tanzte und Freunde in die Arme nahm.

Sehen Sie ihn – und mit ihm lässt sich dem Hebräerbrief doch noch etwas abgewinnen. Mit ihm, dem Kind, dem Mann, dem Menschen-Gottes-Sohn gehen wir getrost ins neue Jahr. Wir haben hier eine Stadt, hier sind wir zu Haus und hier ist gut sein und doch ist dieses Leben noch nicht alles, noch längst nicht. Wir gehen auf eine Weite zu, nach der wir uns jetzt nur sehnen können. Wir sehnen uns nicht umsonst.

Drum rat ich Ihnen, fürs neue Jahr: Sehnen Sie sich kräftig – hier, im eingeschränkten Halteverbot.

Amen

Lied: Meine Zeit steht in deinen Händen ... (EG BEL 644,1-3)

(Abendmahlsfeier)

Der Gott, der unsere Zukunft ist und unsere Gegenwart,
der Gott, der uns bewahrt und begleitet,
der lädt uns ein an seinen Tisch,
der gibt unseren Seele Ruhe.

Erhebt eure Herzen – **wir erheben sie zum Herrn.**
Lasst uns Dank sagen dem Herrn, unserm Gott – **das ist würdig und recht.**

*Liturg*in:*
Ja, Gott, du lebendiger Gott,
wir danken dir:

*Sprecher*in:*
Du stellst unsere Füße auf weiten Raum,
so haben wir einen weiten Horizont
und Heimat bei dir.
Geborgen sind wir
und frei.
Wir leben voller Hoffnung
mitten in unserer Zeit,
mitten in unserer Welt.

*Liturg*in:*
Dafür danken wir dir, Gott!
und mit allem, was wir haben und sind,
mit unseren Träumen und Sehnsüchten,
mit den hungrigen Herzen
und den erwartungsvollen Seelen
stimmen wir ein in den himmlischen Lobgesang:

Heilig, heilig …

*Liturg*in:*
Unser Herr, Jesus Christus, in der Nacht, in der er verraten wurde, nahm er das Brot, dankte und brach es, gab es seinen Jüngern und sprach: Nehmt hin und esst, das ist mein Leib, der für euch gegeben wird. Das tut zu meinem Gedächtnis.

*Sprecher*in:*
Wir danken dir, Gott, für das Brot,
die Frucht der Erde und der menschlichen Arbeit.
Wir nehmen das Brot mit
als Wegzehrung ins neue Jahr.

*Liturg*in:*
Desgleichen nahm er auch den Kelch nach dem Mahl, dankte und gab ihnen den und sprach: Nehmt hin und trinkt alle daraus, dieser Kelch ist der neuen Bund in meinem Blut, das für euch vergossen wird zur Vergebung der Sünden. Das tut zu meinem Gedächtnis

*Sprecher*in:*
Wir danken dir, Gott, für den Wein,
die Frucht des Weinstocks und der menschlichen Arbeit.

Wir nehmen den Trank, den du uns reichst,
als Vorgeschmack auf die große Freude,
die auf uns wartet.

*Liturg*in:*
Wir danken dir, Gott,
mit dem Gebet, das Jesus gebetet hat:
Vaterunser ...

*Liturg*in:*
Und sooft ihr von diesem Brot esst und aus diesem Kelch trinkt,
verkündet ihr den Tod und die Auferstehung Christi,
bis er kommt in Herrlichkeit.

Christe, du Lamm Gottes .... (EG 190,2)

»Friede auf Erden und den Menschen ein Wohlgefallen« –
so hat es der Engel zur Weihnacht verkündet;
In Gottes Frieden stehen und gehen wir.
Darum kann auch Friede sein unter uns.
Reichen wir uns gegenseitig die Hand und grüßen wir einander mit dem alten Friedensgruß der Kirche:
Der Friede des Herrn sei mit dir.

(Friedensgruß tauschen)

Einladung und Kommunion

Bitte lassen Sie uns beten miteinander:

Wir danken dir, Gott,
für die Speise auf dem Weg,
für den Trank, der uns die Herzen wärmt.

Du weichst nicht von unserer Seite,
du bist treu.
Wir bitten dich für die,
die sich allein fühlen,
deren Leben keine Perspektive hat,
die sich heimatlos fühlen.
Wecke die Sehnsucht in ihnen,
damit sie dich suchen und finden.
Wir danken dir, Gott,
und ermutigt gehen wir von deinem Tisch.
Amen

Lied: Nun lasst uns Gott, dem Herren … (EG 320,1.2.5-8)

*Liturg*in:*
Such ihn nur – Gott lässt sich finden!
Such ihn nur – Er ist schon da!
Such ihn nur – So hat dein Weg ein Ziel!

So segnet und behütet dich Gott,
der Liebevolle und Lebendige,
der Vater, Sohn und Heiliger Geist.

Amen, Amen, Amen

Orgelnachspiel

Epiphanias

Meditationen

Wer da alles zusammenkommt! Ansprache

Nun ist's ziemlich lebendig geworden um den Stall, vor der Krippe. Nix mehr mit »stille Nacht«, »alles schläft, einsam wacht«. Von Einsamkeit kann keine Rede mehr sein, von inniger Einkehr oder beschaulicher Krippenromantik in leisen Tönen. Heuer, am Dreikönigstag, kommen zu den polternden Hirten (aber wir pflegen keine Vorurteile! Und vielleicht waren auch ein paar Hirtinnen darunter?) drei Könige hinzu. Aber was sag ich: drei Könige? Wie sich's gebührt: Die haben gewiss ihre Entourage dabei! Da springen ein paar Bedienstete herum, Balthasar musste seinen neugierigen Neffen mitnehmen (sonst hätte Frau Bathseba den Ausflug nicht erlaubt), Melchior reist nicht gerne ohne zwei, drei würdevoll-kluge Ratgeber, und Caspar verzichtet nicht auf seine Vorleserin, für die zwei Trägerinnen die Schriftrollen schleppen – wer weiß, wenn die Reise tausend und eine Nacht dauert .... So als Weiser, was die drei ja auch sind, hält der Mensch doch auf sich! Drum reichen auch keine drei Dromedare für den Transport von Mann und Frau und Kind und Kegel – Esel stehen in den Ecken und halten die Schafe auf Abstand, Melchior hat sogar einen Gaul dabei, der dem Ochsen etwas arrogant erscheint.

So stelle ich mir das vor, mit viel Fantasie – es sei erlaubt. Auf jeden Fall: Es sind viele geworden, die sich jetzt, zwei Wochen nach der Geburt, um den Kleinen versammeln. Maria verliert langsam die Geduld, Joseph hat eine strenge Miene aufgesetzt, um wenigstens für kurze Zeiten der Ruhe zu sorgen. Selbst die Könige raunzt er an, ob sie sich einen Stern zugutehalten oder nicht.

»Was wollen die denn alle hier?«, denkt er halblaut vor sich hin, so dass es die anderen gerade hören können (aber nicht müssen, das ist biblische Diplomatie). Ja, gute Frage: Was wollen die denn alle?

Zuerst: CMB und die Hofchargen und -schranzen, das Hirtenvolk und Fell- und Federvieh, die kommen da nicht nur für sich selbst. Die stehen für etwas, besser: für jemanden. Für uns, die Menschheit, und für die Schöpfung. Als Vertreter und Vertreterinnen der damals bekannten Welt und der seufzenden Kreatur (von der Paulus später schreiben wird) treten sie zum Stall und vor die Krippe. Was sie verbindet, über Grenzen aller Art hinweg, ist ihre Suche. Sie suchen Hoffnung, sie suchen einen, der den Weltenlauf ändert und der sie persönlich achtet und befreit, von Plage und Gewalt, von Ziellosigkeit und verzagter Müdigkeit. Das verbindet sie: dass sie auf der Suche sind.

Und – haben sie nun gefunden? Ich weiß nicht, was den drei Weisen, den Hirten und Hirtinnen, der Vorleserin und den Ratgebern durch den Kopf ging, ob sie ihre persönlichen Erwartungen erfüllt gefunden haben. Aber wenn sie sich umgesehen haben, müssten sie verstanden haben: Ich bin nicht der Einzige, wir sind nicht die Einzigen. Die ganze Welt sucht Hoffnung; Menschen und Geschöpfe sind eins darin, hier, bei diesem Kind, Antwort zu finden, Zukunft zu sehen.

Dann wird wohl was dran sein – und getäuscht haben sie sich alle nicht.

Von Gottes Kindlichkeit

Warum wurde Gott Mensch? Cur deus homo? Vor gut tausend Jahren stellte Anselm von Canterbury, der Scholastiker (das ist eine sehr alte, sehr kluge theologische Tradition), diese Frage – und hätte sie noch genauer stellen sollen. Denn Weihnachten fragt konkreter nach: Cur deus infans? Warum wurde Gott Kind? Alles Menschliche beginnt mit der Geburt – und so ist die Kindheit Jesu ein Teil der Menschlichkeit Gottes. Der hungernde Säugling, der nach der Brust greint, der schlummernde Knabe, das Kind, dem die Windeln gewechselt werden müssen, der sich selbst nicht helfen kann und jeden Schutz braucht, das Kerlchen, das sich schon aufs Kindchenschema versteht und über dessen Stirn ein Glanz geht, wie ihn nur Neugeborene haben, dieses Menschenkind, so klein, so bedürftig, so durchs Kindsein mächtig wie Millionen, Milliarden vor und nach ihm – er steht (oder liegt) da für Gottes Kindlichkeit.

Diesen Gedanken nehme ich ernst. Wie steht es um den Gott, der sich als Kind offenbart?

In der Bibel tritt dieses Bild vom Kindsgott neben viele andere: den Hirten, den König, den Weggefährten, den Schaffenden und Schreibenden, Feuer und Wolke, Licht und Hauch. Das Gotteskind ist ein Gegenbild gleichsam zu Gott, dem Alten, dem würdigen Greis auf dem Thron. Gott als Kind – das eröffnet viele Perspektiven, von Gottes Neugierde kann die Rede sein, von seiner Unbedarftheit, von der Notwendigkeit, dass Gott heranwachse und lerne, von einem Gott, der auf Knien rutscht, den Daumen lutscht;

Zuneigung kommt in den Blick, Bedürftigkeit, innige Zärtlichkeit und eine Trotzphase mit Füßestampfen und Weinerlichkeit.

Auf vier Aspekte der Kindlichkeit Gottes will ich hören, sie sind der Dichtung abgelauscht:

Zuerst: Gottes Spiel

Im Rückblick schreibt der Spötter Heinrich Heine über seine Kindheit:

Mein Kind, wir waren Kinder,
Zwei Kinder, klein und froh;
Wir krochen in's Hühnerhäuschen
Und steckten uns unter das Stroh.
...
Die Kisten auf unserem Hofe,
Die tapezierten wir aus,
Und wohnten drin beisammen,
Und machten ein vornehmes Haus.

Des Nachbars alte Katze
Kam öfters zum Besuch;
Wir machten ihr Bückling' und Knickse
Und Komplimente genug.
...
Wir saßen auch oft und sprachen
Vernünftig, wie alte Leut',
Und klagten, wie Alles besser
Gewesen zu unserer Zeit;

Wie Lieb' und Treu' und Glauben
Verschwunden aus der Welt,
Und wie so teuer der Kaffee,
Und wie so rar das Geld!

Vorbei sind die Kinderspiele
Und alles rollt vorbei, -
Das Geld und die Welt und die Zeiten,
Und Glauben und Lieb' und Treu'.

»Kinderspiele« – ironisch schaut Heine zurück auf die Spiele seiner Kindheit, auf kindlichen Humor und die Lust an der spöttischen Nachahmung. Spielt Gott? Wenn er Mensch geworden ist und zudem Kind, dann liegt das auf der Hand. Friedrich Schiller wusste, dass der Mensch nur da ganz Mensch sei, wo er spielt. Wird Gott Mensch – ganzer Mensch, dann spielt er auch. Doch sein Spiel geht nicht leicht von der Hand, es ist ein ernstes Spiel, und er spielt mit allerhöchstem Risiko. Er setzt sein Leben aufs Spiel. Das beginnt schon im Stall, das endet am Kreuz. Der kindgewordene Gott lässt sich auf ein Spiel auf Leben und Tod ein – es endet tödlich, damit es zum Ostermorgen neu anhebt. Da werden die Karten neu gemischt und die Regeln sind geändert worden: Gespielt wird dann nach den Regeln der Liebe.

Zum Zweiten: Gottes Wahrhaftigkeit

»Kindermund tut Wahrheit kund«, weiß das Sprichwort. Mütter und Väter kennen die peinliche Situation, wenn Sohn oder Tochter unbedarft, frank und frei das aussprechen, was sie selbst über den streitsüchtigen Nachbarn oder die wunderliche Tante nur hinter vorgehaltener Hand flüstern. Hans Christian Andersen hat es in seinem Kunstmärchen »Des Kaisers neue Kleider« klassisch zum Ausdruck gebracht:

So ging der Kaiser in Prozession unter dem prächtigen Thronhimmel, und alle Menschen auf der Straße und in den Fenstern sprachen: »Gott, wie sind des Kaisers neue Kleider unvergleichlich; welche Schleppe er am Kleide hat, wie schön das sitzt!« Keiner wollte es sich merken lassen, dass er nichts sah, denn dann hätte er ja nicht zu seinem Amte getaugt oder wäre sehr dumm gewesen. Keine Kleider des Kaisers hatten solches Glück gemacht, wie diese.

»Aber er hat ja nichts an!«, sagte endlich ein kleines Kind. »Herr Gott, hört des Unschuldigen Stimme!«, sagte der Vater; und der eine zischelte dem andern zu, was das Kind gesagt hatte.

»Aber er hat ja nichts an!«, rief zuletzt das ganze Volk. Das ergriff den Kaiser, denn es schien ihm, sie hätten Recht; aber er dachte bei sich: »Nun muss ich die Prozession aushalten.« Und die Kammerherren gingen noch straffer und trugen die Schleppe, die gar nicht da war.

Wie das Kind in der Menge, so ist Gott unbestechlich. Er sieht die Dinge, die Menschen und ihre Geschichten so, wie sie sind, unverstellt, unverhohlen. Da ist nicht zu verwechseln mit dem Blick des Big Brother. Der schaut misstrauisch, der überwacht und ahndet jedes Vergehen, der herrscht, indem er schaut und keine Geheimnisse zulässt. Gott ist das nachgesagt worden, aber wer ihn so versteht, der rechnet nicht mit Gottes kindlichem Blick. Ein Kind schaut – und Gott schaut genau so: ohne Arg. Gott sieht, »was Sache ist«, aber urteilt nicht. »Es ist, was es ist, sagt die Liebe«, hat Erich Fried formuliert. Er sieht, was er sieht.

Gottes Wahrhaftigkeit nötigt freilich zu einer Klarheit, in deren Licht ich mich sehe, wie er mich sieht: mit meinen Schatten und Wunden, meiner Zerrissenheit und meinen Verkrümmungen. Mir einzugestehen, dass ich »gar nichts anhabe«, ist kein Leichtes – aber die erste notwendige Einsicht, die es braucht, damit ich selbst wahrhaftig meine Wege gehe – wahrhaftig vor Gott und der Welt und ausdrücklich vor mir selbst.

Zum Dritten: Gottes Verletzlichkeit

Das Kind in der Krippe ist auf Hilfe angewiesen. Fehlte die Milch, bräche im Stall ein Feuer aus, fänden des Herodes Häscher den Jungen vorzeitig – ihm wäre nicht zu helfen. Ein Kind ist bedürftig, ist verletzlich.

In seinen »Kindertodtenliedern« (vertont von Gustav Mahler) hat Friedrich Rückert bedrängende, erschreckende Worte dafür gefunden:

Frühmorgens erwacht,
Noch eh du's gedacht,
Hüpfts Kindlein frisch
Durch Blütengebüsch,
Und regt die Glieder
Mit Macht, mit Macht.
Kommts Abendroth,
Ists Kindlein todt
Es legt sich nieder,
Ersteht nicht wieder,
Ist nimmer erwacht,
Gute Nacht gute Nacht!

So früh im Leben ist ein Kind ganz nah am Tod. Zu Jesu Zeiten, noch vor wenigen Jahrzehnten – und heute noch in vielen Regionen unserer Welt – war und ist die Kindersterblichkeit hoch und eine geläufige Erfahrung.

Cur deus infans? Um sich verletzlich zu machen!

Wie er eines Kindes Verletzlichkeit teilt, so teilt Gott die jedes Menschen. Dass das Leben uns Wunden schlagen kann, dass wir ausgeliefert sind, aus eigener Macht wenig verrichten, dass wir mit Schwäche und Schwächen leben müssen und Hilfe brauchen, dass wir am Ende dem Tod verfallen sind, das ist Gott nicht fremd. Das weiß er genau. Das hat er buchstäblich am eigenen Leib gespürt und erfahren, von Kindesbeinen an. Bettina Wegner hat die Verletzlichkeit, die Gott eignet wie einem Kinde, in unserer Zeit besungen:

Sind so kleine Hände
winzge Finger dran.
Darf man nie drauf schlagen
die zerbrechen dann.

Sind so kleine Füße
mit so kleinen Zehn.
Darf man nie drauf treten
könn sie sonst nicht gehn.

Sind so kleine Ohren
scharf, und ihr erlaubt.
Darf man nie zerbrüllen
werden davon taub.

Sind so kleine Münder
sprechen alles aus.
Darf man nie verbieten
kommt sonst nichts mehr raus.

Sind so klare Augen
die noch alles sehn.
Darf man nie verbinden
könn sie nichts verstehn.

Sind so kleine Seelen
offen und ganz frei.
Darf man niemals quälen
gehn kaputt dabei.

Ist son kleines Rückgrat
sieht man fast noch nicht.
Darf man niemals beugen
weil es sonst zerbricht.

Grade, klare Menschen
wärn ein schönes Ziel.
Leute ohne Rückgrat
hab'n wir schon zuviel.

Der kindliche Gott läuft Gefahr, zu »zerbrechen«, »kaputtzugehen«. So geschieht es auch, als er zum Mann geworden ist. Aber damit ist nicht alles gesagt.

Zuletzt: Gottes Zukunft

Die drei vorher genannten Aspekte der Kindlichkeit Gottes zeigen schon, dass seine Kindlichkeit jenseits der Romantik von der Kindheit gelegen ist. Um den Kindsgott ist es eine ernste Sache. Eine hoffnungsvolle, sehnsüchtige aber auch.

Selma Meerbau-Eisinger als Jugendliche 1942 im Arbeitslager Michailowka (Russland) ermordet, schrieb dieses eindrückliche »Schlaflied«:

Schlaf, mein Kindchen, so schlaf schon ein,
so schlaf doch und weine nicht mehr.
Sieh nur, im Schlaf ist die Welt ja dein,
so schlaf schon und wein nicht so sehr.

Schließe die Augen und schlafe schon,
hör nur, es rauschet der Wald.
Im Schlafe da gibt es nicht Hass, nicht Hohn,
im Schlafe, da ist es nicht kalt.

Schlafe, mein Liebling, und lächle, Kind,
höre, der Fluss singt sein Lied.
Schlafe, dann singt dir vom Glück der Wind
und singt dir vom Frühling, der blüht.

Schlafe mein Kind und vergiss, was dich schmerzt,
dunkel ist für dich der Tag.
Hell ist die Nacht, wenn der Traum dich herzt,
so schlafe mein Kindchen, so schlaf.

Eine sehr zaghafte Hoffnung kommt da zu Wort, eine Ahnung, dass es in dieser grauen Welt, in die Paul Celans Todesfuge (»Schwarze Milch der Frühe wir trinken sie abends ...«) besser passt als ein Schlummerlied, doch noch Erlösung, Befreiung, Frühling, Wärme und Lieder geben kann. Eine Hoffnung wider die Erfahrung und den Augenschein. Tatsächlich fällt es mir schwer, diese Hoffnung zu teilen, gerade wenn ich sehe und höre, wie Kinder Opfer werden: in Konzentrationslagern, Kriegen, als Handelsware und Objekte zerstörerischer gewalttätiger Lust. Ich kann diese Hoffnung allenfalls als Sehnsucht, als verzagte, verzweifelte Sehnsucht teilen.

Aber da Gott die Leiden der Kinder teilt, jeden Schlag, jeden Missbrauch, jede Angst, darum glaube ich – sehnsüchtig, dass er auch seine Zukunft mit ihnen teilt. Kinder sind auf Zukunft angelegt, sie sind bestimmt zu wachsen, zu lernen, ihre Fähigkeiten zu entwickeln, sich zu entfalten. Dafür, dass ihnen das nicht verwehrt sei, dafür wird Gott Kind.

Und wir, die Erwachsenen, die Älter-Werdenden oder -Gewordenen, wir müssen diesen Satz mit allem Ernst hören: »Wenn ihr nicht werdet wie die Kinder ...!« (Matthäus 18,3). Das Gotteskind bindet uns die Kinder aufs Gewissen.

Mit welchem Ziel? Dass für die Kinder und für uns gelte, was Gott ins Werk setzt und von dem Matthias Claudius findet, dass es »Täglich zu singen« sei:

Ich danke Gott, und freue mich
Wie's Kind zur Weihnachtsgabe,
Dass ich bin, bin! Und dass ich dich,
Schön menschlich Antlitz! habe;

Dass ich die Sonne, Berg und Meer,
Und Laub und Gras kann sehen,
Und abends unterm Sternenmeer
Und lieben Monde gehen;

Und dass mir denn zumute ist,
Als wenn wir Kinder kamen,
Und sahen, was der heil'ge Christ
Bescheret hatte, amen!

Jesus ist kommen. Erste Zeilen

Jesus ist kommen, Grund ewiger Freude.
(gesungen – erste Zeile von EG 66,1)

*Sprecher*in 1:*
Ewig – das ist ein großes Wort!

*Sprecher*in 2:*
Meinst du: zu groß?

*Sprecher*in 1:*
Größer als ich jedenfalls. Größer als meine Zeit, meine Lebensjahre und -tage. Ewig hat einen weiten Horizont.

*Sprecher*in 2:*
Oder keinen. Viel eher: Ewigkeit hat einen Punkt.

*Sprecher*in 1:*
Wie meinst du das?

*Sprecher*in 2:*
Ewigkeit, Gottes Ewigkeit ist, wenn das Große das Kleine durchzieht, wenn Gott sich ereignet. Mitten im Leben, hier und jetzt. Ewigkeit ist nicht zeitlos, Ewigkeit ist Gottes Gegenwart – die Gegenwart des zeitnahen Gottes.

*Sprecher*in 1:*
Jesus kommt, damit Gott nah sei, gegenwärtig, heute, hier.

Jesus ist kommen, Grund ewiger Freude.
(gesungen – erste Zeile von EG 66,1)

Jesus ist kommen, nun springen die Bande.
(gesungen – erste Zeile von EG 66,2)

*Sprecher*in 1:*
Aber sie springen nicht vor Freude.

*Sprecher*in 2:*
Sie springen, weil sie müssen.

*Sprecher*in 1:*
Wenn Gott kommt, dann reißen alle Stricke.

*Sprecher*in 2:*
Dann tun sich Türen auf, Mauern werden geschleift, Gitter zerreißen und Ketten werden gesprengt.

*Sprecher*in 1:*
Wenn Gott da ist, dann enden alle Gefangenschaften.

*Sprecher*in 2:*
Ich bin nicht mehr gebunden an Meinungen und Erwartungen, an den guten Ton und die üble Nachrede, an Gerüchte und Vorurteile.

*Sprecher*in 1:*
Und meine Angst darf meinen Mut nicht mehr begrenzen.

*Sprecher*in 2.*
Meine Fantasie wird nicht mehr von der Verzweiflung in Schranken gewiesen.

Jesus ist kommen, nun springen die Bande.
(gesungen – erste Zeile von EG 66,2)

Jesus ist kommen, der starke Erlöser.
(gesungen – erste Zeile von EG 66,3)

*Sprecher*in 1:*
Eine seltsame Stärke, die er an den Tag legt.

*Sprecher*in 2:*
Ich sehe nur: Zurückhaltung, Schwäche eigentlich, niedere Hüllen, einen, der sich schlagen lässt, der verlacht wird, einen, der Sanftmut übt.

*Sprecher*in 1:*
Was ist das für eine Stärke?

*Sprecher*in 2:*
Die Stärke der Geduld. Die Stärke des Tropfens, der stetig den Stein höhlt.

*Sprecher*in 1:*
Die Stärke des Friedfertigen. Die Stärke dessen, der der Macht ein Lächeln entgegensetzt.

*Sprecher*in 2:*
Und die Stärke einer Liebe, die ohnmächtig scheint, aber auf Dauer alles umkehrt, was fehlging.

*Sprecher*in 1:*
Da glänzt nichts.

*Sprecher*in 2:*
Da ist nichts laut.

*Sprecher*in 2:*
Das setzt sich leise durch. Schon heilt es unter uns.

Jesus ist kommen, der starke Erlöser.
(gesungen – erste Zeile von EG 66,3)

Jesus ist kommen, die Ursach zum Leben.
(gesungen – erste Zeile von EG 66,8)

*Sprecher*in 1:*
Das ist es, was mir immer gefehlt hat: ein Grund.

*Sprecher*in 2:*
Was für ein Grund? Ein Grund wozu?

*Sprecherin*1:*
Ein Grund zu leben. Ein guter Grund weiterzumachen. Ein guter Grund, nicht aufzugeben.

*Sprecher*in 2:*
Aber es gibt viele gute Gründe aufzugeben.

*Sprecher*in 1:*
Ich weiß. Ich kenne sie alle. Jedenfalls kenne ich die meinen.

*Sprecher*in 2:*
Die Welt rast auf den Abgrund zu. Die Uhr läuft ab. Die Schöpfung seufzt schon nicht mehr. Sie ist verstummt und es wird keine Zukunft geben.

*Sprecher*in 1:*
Das ist alles wahr. Und dennoch: Ich habe Ursache, darauf zu vertrauen, dass diese Welt noch heilen kann, dass wir Menschen uns verändern können.

*Sprecher*in 2:*
Das ist wagemutig.

*Sprecher*in 1:*
Genau! Gott hat es gewagt, sich auf diese zerrissene Welt, auf uns zerrissene Menschen einzulassen. Er ist da – weil er uns liebt.

*Sprecher*in 2:*
Geliebt zu sein, das wäre eine Ursach zum Leben.

Jesus ist kommen, die Ursach zum Leben.
(gesungen – erste Zueile von EG 66,8)

Jesus ist kommen, sagt's aller Welt Enden.
(gesungen – erste Zeile von EG 66,9)

*Sprecher*in 1:*
Alle Welt soll wissen, dass sie nicht enden wird.

*Sprecher*in 2:*
Die verletzten Kinderseelen.

*Sprecher*in 1:*
Die geschundenen Frauen.

*Sprecher*in 1:*
Die gefolterten Männer.

*Sprecher*in 2:*
Die wegen ihres Geschlechtes Missachteten.

*Sprecher*in 1:*
Die im Alter Alleingelassenen.

*Sprecher*n 2:*
Die den Tod fürchten.

*Sprecher*in 1:*
Die brennenden Wälder.

*Sprecher*in 2:*
Die schmelzenden Gletscher.

*Sprecher*in 1:*
Die vergifteten Meere.

*Sprecher*in 2:*
Alle Welt, alle Welt soll es wissen.

*Sprecher*in 1:*
Jesus ist kommen, Grund ewiger Freude.

*Sprecher*in 2:*
Und bei uns ist er alle Tage, bis an das Ende der Welt.

Jesus ist kommen, sagt's aller Welt Enden.
(gesungen – erste Zeile von EG 66,9)

Epiphanias
Gebete

Bei Lichte besehen –
angeschaut in deinem Licht, Gott,
scheint hinter Wolken die Sonne,
bricht ein Morgen an nach jeder Nacht,
funkeln Regentropfen in allen Farben.

Bei Lichte besehen –
angeschaut in deinem Licht, Gott,
erhellt der kleinste Lichtstrahl den dunkelsten Raum,
weist eine Lampe den Weg,
leuchtet über finsteren Tälern der Mond.

Bei Lichte besehen –
angeschaut in deinem Licht, Gott,
glänzen Kinderaugen vor Glück,
lässt Liebe Gesichter erstrahlen,
schimmert Hoffnung an jedem Ende.

Bei Lichte besehen –
lehre mich, Gott, sehen,
wie du siehst,
in deinem Licht.

Wenn du erscheinst,
dann wird nicht alles anders,
dann kann alles werden.

Wenn du erscheinst,
dann überstrahlst du nicht alles,
dann kann alles erstrahlen.

Wenn du erscheinst,
dann nicht in großem Glanz,
dann machst du unsere Gesichter glänzen.

Wenn du erscheinst,
dann blendet uns kein Licht,
dann gehen uns die Augen auf.

Wenn du erscheinst,
dann müssen wir nicht den Blick senken,
dann lernen wir sehen.

Wenn du erscheinst,
dann leuchtest du nicht wie die Sonne,
dann erhellst du jeden Winkel.

Wenn du erscheinst –
so erscheine, Gott!

Epiphanias

Gedichte

drei könige

frank muss beatmet werden
ahmad ist ertrunken im meer
tonio kann nicht schlafen vor
angst

da wäre noch
ein stern

es soll die rede sein
vom licht das
hat keine worte
das schweigt
und wärmt ohne zeichen

es soll die rede sein
von gott der
hat viele worte
der spricht
und wärmt mit den zeichen

es soll die rede sein
von dir von mir
wir brauchen stille und worte
die wärmen

frag nicht nach

dem stern
er wandert dir voraus
schau nur

frag nicht nach
dem kind
du wirst es finden
schau nur

frag nicht nach
dem engel
du musst lauschen
schau nur

frag nicht nach
dem stall
er wartet auf dich
schau nur
hinein

ein funke
ist noch kein licht

eine kerze
ist noch kein licht

eine fackel
ist noch kein licht

ein brennender scheit
ist noch kein licht

eine feuersbrunst
ist noch kein licht

dein lachen
deine milde
dein stillesein
ist das licht

Epiphanias

Erzählung

Von den heiligen drei Dienern

Wenn ein Mensch alt geworden ist, Falten auf der Stirne trägt und nur noch mit müden Händen das Glas und die Feder hält, darf er es wagen, wahrhaftig zu sein. Es wird ihm niemand mehr verargen, und wer die Wahrheit nicht hören mag, kann milde das Haupt schütteln und sagen: Ach, er ist ein Greis geworden und beißt nur noch mit vier Zähnen – den muss keiner ernst nehmen, und was er erzählt, nicht für bare Münze. Er ist im Kopfe etwas wirr, sehen wir es ihm nach.

Du magst, liebe Leserin und lieber Leser, selbst urteilen, wenn du meine Geschichte gehört hast, oder besser: die Geschichte von uns dreien. Diese unsere Geschichte ist noch nicht erzählt worden, die unserer Herren aber schon. Freilich nicht, wie sie in Wahrheit geschehen ist. Herren erzählen immer nur, was ihnen beliebt und von ihrer Warte. Damit ihr Ruhm vermehrt werde, ihre Frömmigkeit vorbildlich strahle, ihre Weisheit gepriesen werde. Tatsächlich ist ihre Geschichte rasch zur Legende geworden.

Die unsere nicht. Das ist auch nicht nötig. Wir haben, da wir Diener sind – oder waren –, nur unseren Dienst getan, wie es sich gebührte. Wir waren nicht sonderlich stolz darauf, es war unser Beruf; aber zufrieden waren wir am Ende doch. Bitte hört, wenn ihr hören mögt und nicht beim Wohlvertrauten verharren wollt:

Bahati und Chrysantos hießen meine Freunde – sie sind mir in unserer kurzen Geschichte zu Freunden geworden –, mein Name ist Massut. So riefen die Herren uns auch, wenn sie nicht gerade sehr beschäftigt waren und sich mit den großen Dingen der Welt befassen mussten. Eines Tages taten sie das, ohne voneinander zu wissen, in den drei Regionen der Welt, und sie taten es zur selben Zeit, gut 50 Jahre ist das nun her. Balthasar, Caspar und Melchior waren vielerlei: Gelehrte und Forscher, sie wollten die Welt ergründen und wie es um Gott bestellt sei. Sie verstanden sich aufs Heilen, sie lasen in den Sternen und schrieben wundersame Geheimnisse auf, die sie in Schriftrollen bewahrten. Bedrückte und Trauernde suchten ihren Rat, in ihren großen Städten waren sie angesehen. Viele nannten sie ehrerbietig und respektvoll: Könige.

Um die Welt stand es – wie zu allen Zeiten – nicht gut; da fragten die drei, aber jeder für sich, ohne dass einer vom anderen Kenntnis hatte, ob ein Gott unter den verwirrend vielen Göttern und Göttinnen der Völker sei, der oder die der Welt wohl aufhelfen könnte – und wollte.

In einer kühlen Wüstennacht entdeckte Melchior, mein Herr, den Wandelstern, der langsam über den Himmel zog. Melchior beschloss, dass der Stern ein Zeichen sein müsse und dass er ihm folgen sollte. So entschieden auch Caspar und Balthasar, fern im Süden und Norden, und wie mein Herr brachen sie auf.

Doch nicht allein, wie es später in der Legende hieß. Solche hochmögenden Herren reisen niemals ohne Dienerschaft und Gefolge. Denn wer würde die Mahlzeiten bereiten, die Kamele, Esel und Maultiere anschirren und versorgen, das Wüstenzelt aufbauen und zum Zeitvertreib und zur Zerstreuung erzählen oder singen? Das konnten die drei Könige schließlich nicht selbst – und der Weg, den der Stern anzeigte, mochte lang sein. Ich, Massut, war Melchiors Leibdiener und Vertrauter, ich zog ihn an und aus und hatte stets Papyrus und Feder bereit, damit ich aufschreiben konnte, was meinem Herrn einfiel an Klugheiten, Sinnsprüchen und feinen Gedichten. Es war eine große, laute Karawane, die nach Westen zog, mit Glöckchen an den Hälsen der Kamele, mit Trommlern und Tänzerinnen, mit Rufern in der Wüste, die den Tag und die Stunde ansagten. Caspar reiste – wie ich von Chrysantos unter der Hand erfuhr – nie ohne Pfeifen und Schalmeien, Balthasar brauchte Märchenerzähler und Tänzer, mein Herr Melchior hatte drei Kamele mit seinen Lieblingsschleckereien beladen, mit Honig, Rosinen und Baklava. All die Lasten und Leute mussten getragen, versorgt und beschützt werden, die Tiere hatten ihre Treiber. Knechte und Mägde begleiteten die wahrhaft königlichen Züge.

Nach etlichen Wochen hatte uns der Stern vor die Tore Jerusalems geführt, einer mächtigen Stadt, wenn auch mit unseren persischen Metropolen und deren vielfältigen Stimmen, Klängen und Farben kaum vergleichbar. Wir wussten nicht viel von dem kleinen Volk, das dort in Palästina lebte, nur, dass es unter römischer Herrschaft stand – oder litt, wie einige flüsterten – und dass die Menschen dort einem einzigen Gott und nur ihm allein huldigten, was uns Persern etwas phantasielos, aber immerhin praktisch vorkam. Die Gläubigen mussten sich nur einen Gottesnamen merken; und den sprachen sie, wie es hieß, aus Ehrfurcht nicht einmal aus.

Wir waren erwartet worden. Natürlich hatte sich die Kunde von drei Karawanen, die einem Stern folgten, längst verbreitet, Melchior hatte von den anderen beiden auch vor vielen Tagen schon gehört. Wir waren gespannt, wer sie wohl sein würden und wie sie ausgestattet wären, vor allem, welche Beweggründe sie hatten aufbrechen lassen, woher immer sie kamen. Vor einem der Tore stand eine beachtliche Delegation bereit, uns zu empfangen. Es schienen Honoratioren der Stadt zu sein, Diplomaten des Königs und Priester oder Gelehrte. Doch bevor wir uns begrüßen – und bestaunen – ließen, kamen die drei wundersamen Züge zusammen, begrüßten Caspar, Melchior und Balthasar einander. Und ich lernte Bahati und Chrysantos kennen. Eine Stunde Wegs mag es noch bis nach Jerusalem gewesen sein – unsere drei Herren ließen sich mit der Begrüßung jedoch Zeit und ließen das Empfangskomitee warten. Was die Hochmögenden verärgert haben mag, denn nach etlichen Stunden zogen einige wenige von ihnen – die anderen waren in die Stadt zurückgekehrt – zu unserer Lagerstatt und hießen uns, etwas unwirsch und sichtlich ungehalten, willkommen. Sie fragten Caspar, Melchior und Balthasar nach dem Zweck ihrer Reise, ihren Wünschen und ob sie ihnen mit irgendetwas dienen könnten. Auf Melchiors Vermutung hin, es müsse mit dem Stern etwas Besonderes auf sich haben, verneinten sie, dass etwa ein neuer König geboren sei oder die Zeit sich wandle. Sie gaben zu verstehen, dass wir doch weiterziehen sollten, was die drei Herren, so sehr sie sonst Träumer und Dichter waren, auch verstanden. Als es Abend wurde, sahen wir auch, dass der Stern noch ein wenig weitergezogen war, und so brachen wir alle noch einmal auf, beglückt, dass es noch andere gab, die sich auf den Weg gemacht hatten, obschon unbekannt war, was sie erwarten sollte.

Das merkten sie noch in der Nacht. Der Stern – ohnehin eine wundersame Erscheinung – wies den Weg zu einem Stall nahe dem wohl nicht sehr bedeutenden Flecken Bethlehem (dessen Namen wir damals aber nicht kannten). Im Stall, in dem sonst Ochs und Esel hausten, hatte eine kleine Familie Zuflucht gefunden: Maria, Josef, ein Kind in einer Krippe, Jesus geheißen. Die drei Könige staunten, wunderten sich, waren sprachlos (was bei den Dreien nicht oft vorkam). Als sie die Eltern und vor allem das Kind gesehen und uns, ihren Dienern, einen Blick in den Stall gewährt hatten, zogen sie sich leise zurück, um den Schlaf des Kindes, von dem ein zarter Glanz ausging, wie es bei Neugeborenen bisweilen der Fall ist, und den der erschöpften Mutter nicht zu stören. Später in der Nacht, es ging wohl schon auf den Morgen zu, sandten sie Josef noch Datteln und Brot, Melchior legte noch ein paar süße Rosinen dazu.

An Schlaf war nicht zu denken. Wir alle – denn die Herren baten uns darum, unsere Eindrücke zu schildern – bedachten und stritten fast, warum uns der Stern gerade hierher geführt hatte; Caspar war es schließlich, der in seinen Rollen Hinweise fand, dass der Knabe ein verheißener König und Retter sein müsse, der Messias der Völker. Sie hatten so etwas geahnt und sich mit ihren vagen Vermutungen im Herzen auf den Weg gemacht – ein Wagnis. Freilich hatten sie auch die Zeit und die Mittel für die Wanderung aus Neugierde.

Als der Morgen dämmerte, beschlossen Melchior, Balthasar und Caspar, dass sie – wie es damals üblich war und heute noch ist – als weitgereiste und hochmögende Besucher Gastgeschenke bei dem offensichtlich nicht sehr wohlhabenden Elternpaar und dem Knaben hinterlassen wollten, bevor sie sich auf ihre – und unsere – Rückwege machten. Sie mochten das friedvolle Bild vom Kind in der Krippe und den liebenden Eltern mitnehmen und in Geschichten, Gedichten und Gesängen davon erzählen. Doch zuvor galt es zu beschenken.

»Ich lasse ihnen allen Honig und Baklava«, stellte Melchior begeistert fest. »Sie bekommen ein Kamel von mir und den stolzen Araber!«, rief Balthasar, fand sich großzügig dabei. Und Caspar legte dazu: »Ich schreibe ein Lied für sie und meine Pfeifer sollen es ihnen vorspielen, sooft das Kind, sooft Vater und Mutter es hören mögen.« Zufrieden sahen sie einander an.

Bahati, Chrysantos und ich wechselten fragende Blicke. So sehr unsere drei Herren sich ihrer Ideen freuten, so unglücklich waren wir drei damit. Und weil wir nicht gleich einstimmten und wir sie nicht sofort ihres Einfallsreichtums lobten (Hohe Herren brauchen das Lob doch sehr!), zögerten sie und schauten uns an. »Ihr wirkt unzufrieden?«, fragte Caspar, etwas unsicher.

»Verzeiht Herr«, antwortete Chrysantos »Wir haben Zweifel, ob dies treffliche Gaben sind. Angemessene gewiss, denn der Honig mag ihnen den Tag versüßen, den jungen Knaben wird in einigen Jahren ein Araberhengst mit Stolz erfüllen vor seinen Altersgenossen, und dein Lied, Caspar, werden die Eltern in vielen Jahren noch singen, wenn die Pfeifer längst müde geworden sind. Das sind große Geschenke, die gefallen müssen, die munden und zur Ehre gereichen!«

»Aber sind es die, die sie jetzt brauchen?«, fuhr Bahati fort, mit einem kleinen Zittern in der Stimme, denn es war allemal eine kleine Frechheit, die Entscheidung von Königen in Frage zu stellen. »So schenke ich ihnen drei Schriftrollen ihrer Wahl! Ich habe der Kalligraphien Schönste im Gepäck.« »So bleibe der Märchenerzähler mit seinen Geschichten bei ihnen!« »Mögen sie den Honig nicht, soll es Öl und Mehl sein für das tägliche Brot!« Sprachen sie mit Ernst und einsichtig und zufrieden mit sich und den neuen Ideen. Doch wir waren es nicht zufrieden.

»Verzeiht, ihr Herren. Und seid so gnädig zu hören, was wir vorschlagen möchten, voller Demut, versteht sich, und zu des Kindes Wohl«, sagte ich zaghaft. Sichtlich fiel es ihnen nicht leicht, ihren Einfällen den Abschied zu geben, aber da sie den Knaben in ihre weisen und königlichen Herzen geschlossen hatten, wollten sie ihm das Beste zuteilwerden lassen. »Sprecht!«

»Legt ihm, wovon ihr viel besitzt, vom Golde etwas vor die Krippe. Er wird es brauchen, falls er fliehen muss, wenn er aufwachsen soll in der Fremde, in Gefahr«, schlug Chrysantos vor.

»Vom Weihrauch lasst ihm eine Handvoll da, mit dem ihr die Götter ehrt morgens und abends, denn zur Ehre seines Gottes wird er leben«, sprach Bahati.

»Vom Harz der Myrrhe lasst ihm ein paar Gramm, denn er wird Wunden heilen müssen, und durch seine Wunden werden wir geheilt«, gab ich dazu. »Es müssen keine großen Gaben sein. Gebt nicht, was ihr selber seid. Legt vor ihm nieder, was er nötig haben wird. Schenkt treffliche Geschenke!«

Caspar, Melchior und Balthasar dachten nach, doch nicht lange. Sie kannten uns, jeder für sich, als treue, erfahrene Ratgeber. Und sie verstanden, dass die Gaben, die wir im Sinne hatten, von dem Knaben sprachen und von seiner Sendung für Welt und Menschen. So geschah es denn auch, sie brachten in den Stall nicht, was sie selber auszeichnete und beschrieb, vielmehr gaben sie, was dem Kleinen nutzte und was er brauchte für den Dienst, den er verrichten würde, wenn er herangewachsen war. Auch ging es nicht darum, einem Gott zu huldigen, sondern das darzubieten, was ein Menschenkind braucht.

Caspar kramte in seiner Börse nach ein paar Goldmünzen, die das Konterfei des römischen Kaisers trugen. Melchior suchte in seinen Reisetaschen, wovon er etliche besaß, nach den Weihrauchkörnern, und Balthasar zog Bahati zu Rate, der die medizinischen Vorräte in der Reiseapotheke verwaltete. Der musste auch nicht lange suchen, bis er das Myrrheharz bereithielt.

Wir, die Diener, freuten uns.

Davon, dass die Geschenke unsere Einfälle waren, als sich Maria und Josef herzlich bedankten, die der drei Diener, davon war die Rede nicht. Aber so sind wir es gewohnt. Als die Weisen im Stalle waren, begannen wir schon, für die Reise zu packen, schon am nächsten Morgen brachen wir auf. Die Könige gewährten uns dreien noch einen kurzen Blick in den Stall. Die Eltern und der Knabe lächelten uns zum Abschied zu. Nach wenigen Stunden trennten sich auch unsere Wege. Bahati, Chrysantos und ich umarmten einander, sahen uns wortlos an, bewegt vom Abschied und von der Freude, das Kind in der Krippe gesehen zu haben und ihm das Unsere, den Rat an unsere Herren, gegeben zu haben.

Diesmal vermieden wir die Stadt Jerusalem. Wir – Melchior mit Gesinde und Tieren – zogen in einem weiten Bogen nach Westen zu, in Richtung der zwei Ströme, Caspar mit den Seinen zum Meere hin, Balthasar gen Südwesten, nach Ägyptenland.

Zufrieden gingen wir auseinander, wissend, dass wir uns nie wieder treffen würden. Aber vereint waren wir durch den Anblick des Kindes, dass dank einiger Goldmünzen überleben würde, das einen liebevollen Gott verkünden und der Menschen Wunden heilen würde. Chrysantos, Bahati und ich, Massut, wir waren keine Heiligen, wie die Könige später, doch wir wussten uns auserwählt, an der Sendung des kleinen Kindes teilzuhaben.

Quellenverzeichnis

11: *Johann Peter Hebel, Biblische Geschichten,* hg.v. Karl-Josef Kuschel und Thomas Weiß, Tübingen 2019, S. 220.

107ff.: *Jochen Klepper, Weihnachtslied,* in: Jochen Klepper, Ziel der Zeit. Die gesammelten Gedichte, Luther-Verlag, Bielefeld 1987, S. 58+59.

109-113: *Selma Lagerlöf, Die heilige Nacht,* in: Selma Lagerlöf, Die schönsten Legenden, Deutscher Taschenbuch Verlag, München 1978, S. 69-73.

115ff.: *Friedrich Rückert, Um Mitternacht,* in: Theodor Echtermeyer, Deutsche Gedichte. Von den Anfängen bis zur Gegenwart. Neugestaltet von Benno von Wiese. August Bagel Verlag, Düsseldorf 1960, S. 396.

134: *»Maria«,* aus: Bertolt Brecht, Werke. Große kommentierte Berliner und Frankfurter Ausgabe, Band 13: Gedichte 3. © Bertolt-Brecht-Erben / Suhrkamp Verlag 1993.

200: *Lothar Zenetti, Die wunderbare Zeitvermehrung,* in: Lothar Zenetti, Auf Seiner Spur. Texte gläubiger Zuversicht © Matthias Grünewald Verlag. Verlagsgruppe Patmos in der Schwabenverlag AG, Ostfildern 2011. www.verlagsgruppe-patmos.de

209: *Wilhelm Hauff, Das kalte Herz,* Krapp und Gutknecht Verlag, Berkheim 2018.

220ff.: *Johann Peter Hebel, Zum neuen Jahre,* in: Johann Peter Hebel, Gesammelte Werke. Kommentierte Lese- und Studienausgabe in sechs Bänden, hg.v. Jan Knopf, Franz Littmann und Hans-Georg Schmidt-Bergmann, Band 1: Gedichte und frühe Schriften (1776-1801), Wallstein Verlag, Göttingen 2019, S. 187.

223f.: »Stufen«, aus: Hermann Hesse, Sämtliche Werke in 20 Bänden, hg. v. Volker Michels. Band 10: Die Gedichte. © Suhrkamp Verlag, Frankfurt am Main 2002. Alle Rechte bei und vorbehalten durch Suhrkamp Verlag Berlin.

272f.: *Heinrich Heine, Mein Kind, wir waren Kinder,* in: Heinrich Heine, Sämtliche Gedichte, hg.v. Klaus Briegleb, Insel Verlag, Frankfurt a.M./Leipzig 1997, S. 221.

273: *Hans Christian Andersen, Des Kaisers neue Kleider,* in: Märchen von Hans Christian Andersen, Wiener Verlag, Wien 1978, S. 90-93.

275: *Friedrich Rückert, Frühmorgens erwacht,* in: Friedrich Rückert, Kindertodtenlieder, hg. v. Hans Wollschläger, Insel Verlag Frankfurt a.M./Leipzig 1993, S. 45.

276f.: *Bettina Wegner, Sind so kleine Hände,* © bei der Autorin.

277f.: *Selma Meerbaum-Eisinger, Schlaflied,* in: Selma Meerbaum-Eisinger, Ich bin in Sehnsucht eingehüllt. Gedichte, hg.v. Jürgen Serke, Fischer Taschenbuch Verlag, Frankfurt a.M. 1984, S. 73.

279: *Matthias Claudius, Täglich zu singen,* in: Matthias Claudius, Ausgewählte Werke, hg. v. Walter Münz, Philipp Reclam junior Verlag, Stuttgart 1990, S. 105+106.

290: *Thomas Weiß, drei könige,* Erstveröffentlichung in: DAS GEDICHT. Zeitschrift für Lyrik, Essay und Kritik 29, hg.v. Anton G. Leitner, Anton G. Leitner Verlag, Weßling 2021, S. 26.

Die Bibelzitate stammen, soweit nicht anders vermerkt, aus: *Die Bibel.* Nach Martin Luthers Übersetzung. Lutherbibel revidiert 2017, Deutsche Bibelgesellschaft, Stuttgart 2017.

Sollte diese Publikation Links auf Webseiten Dritter enthalten, so übernehmen wir für deren Inhalte keine Haftung, da wir uns diese nicht zu eigen machen, sondern lediglich auf deren Stand zum Zeitpunkt der Erstveröffentlichung verweisen.

MIX
Papier | Fördert gute Waldnutzung
FSC® C014496

Klimaneutral*
Druckprodukt
ClimatePartner.com/14044-1912-1001

Penguin Random House Verlagsgruppe FSC® N001967

1. Auflage

Umschlagmotiv: © Gundolf Renze – Adobe Stock.com
Druck und Bindung: GGP Media GmbH, Pößneck
Printed in Germany
ISBN 978-3-579-07475-7
www.gtvh.de